O DIREITO DE DIZER NÃO!

O primeiro passo para resgatar o amor-próprio e ser feliz

Livros do autor publicados pela **L&PM** EDITORES

Ame e não sofra
Amores de alto risco
A arte de ser flexível
Desapegue-se!
O direito de dizer não!
Já te disse adeus, e agora, como te esqueço?
Maravilhosamente imperfeito, escandalosamente feliz
O que toda mulher deve saber sobre os homens

WALTER RISO

O DIREITO DE DIZER NÃO!

O primeiro passo para resgatar o amor-próprio e ser feliz

Tradução de MARLOVA ASEFF

www.lpm.com.br

L&PM POCKET

Coleção **L&PM** POCKET, vol. 1278

Texto de acordo com a nova ortografia
Título original: *El derecho a decir no: cómo ganar autoestima sin perder asertividad*

Este livro foi publicado pela L&PM Editores, em formato 14x21cm, em 2015
Primeira edição na Coleção **L&PM** POCKET: abril de 2018
Esta reimpressão: outubro de 2024

Tradução: Marlova Aseff
Capa: Ivan Pinheiro Machado. *Ilustração*: iStock
Preparação: Marianne Scholze
Revisão: L&PM Editores

CIP-Brasil. Catalogação na publicação
Sindicato Nacional dos Editores de Livros, RJ

R479d

Riso, Walter, 1951-
    O direito de dizer não! O primeiro passo para resgatar o amor-próprio e ser feliz / Walter Riso; tradução Marlova Aseff. – Porto Alegre, RS: L&PM, 2024.
    176 p. ; 18 cm.   (Coleção L&PM POCKET, v. 1278)

    Tradução de: *El derecho a decir no: cómo ganar autoestima sin perder asertividad*

    ISBN 978-85-254-3724-2

    1. Técnicas de autoajuda. 2. Assertividade (Psicologia). 3. Autonomia. I. Título.

15-24606   CDD: 158.2
                                  CDU: 159.947.5:316.47

© Walter Riso
c/o Guillermo Schavelzon & Asoc., Agencia Literaria
www.schavelzon.com

Todos os direitos desta edição reservados a L&PM Editores
Rua Comendador Coruja, 314, loja 9 – Floresta – 90.220-180
Porto Alegre – RS – Brasil / Fone: 51.3225.5777

Pedidos & Depto. comercial: vendas@lpm.com.br
Fale conosco: info@lpm.com.br
www.lpm.com.br

Impresso no Brasil
Primavera de 2024

Para Rubén Hernández, compadre e amigo fiel.

A esta curiosa combinação de sensibilidade e fortaleza que o caracteriza.

A sua assertividade natural e oportuna, que não ofende nem machuca e que sempre me deixa pensar... em voz alta.

O espírito não deve ser jamais submetido à obediência.

ÉMILE CHARTIER, "ALAIN"

Para que possa ser, hei de ser o outro, sair de mim, procurar-me entre outros, os outros que não são se eu não existir, os outros que me dão plena existência.

OCTAVIO PAZ

Sumário

Introdução 13

Primeira parte – Entendendo a assertividade

O que significa ser assertivo? 21
- Nem submissão nem agressão: assertividade 21
  - Um caso de submissão 21
  - Um caso de agressividade 23
  - Um caso de assertividade 24
  - Um caso de assertividade no qual a meta é estabelecer um precedente 25
- A assertividade deve ser calibrada 27
- Quando não convém ser assertivo: contradições, limitações e mal-entendidos. 31
  - Quando a integridade física pode ser afetada 33
  - Quando se pode ferir uma pessoa sem necessidade 33
  - Quando houver um custo social significativo ...35

O poder da assertividade: por que é bom ser assertivo? 37
- A assertividade fortalece o amor-próprio e a dignidade 37
- A assertividade permite uma melhor defesa psicológica e nos torna mais seguros 44
- A assertividade facilita a liberdade emocional e o autoconhecimento 44
- A assertividade ajuda a resolver problemas e a melhorar a comunicação 45

Os direitos assertivos..49
  Os direitos são valores...................................51
  Quantos direitos existem?..............................53
  Os direitos não podem separar-se dos deveres 55
  O direito fica evidente quando alguém
    ultrapassa o limite dos nossos princípios 56

O que nos impede de ser assertivos?......................59

Segunda parte – Quando o dever chama: a culpa antecipada e o medo de ferir os outros

A culpa e o autossacrifício irracional 65
  "Devo evitar ferir os sentimentos dos
    outros, mesmo que viole os meus
    próprios direitos"..68
  "Devo assumir e manter as minhas
    obrigações afetivas, mesmo que perca a
    minha individualidade, seja explorado
    ou manipulado"..75
    Caso I: "Vai ter uma recaída por
      minha culpa" (as mulheres que
      adotam os parceiros) 76
    Caso II: "A sua filha não é mais
      importante do que você"..............................80
  "Caso defenda os meus direitos, serei
    egoísta e me tornarei incapaz de perdoar" 84
    Egoísmo versus assertividade 84
    Perdão versus assertividade 88

Conclusões: Três princípios para combater a interferência da culpa irracional 90
  O princípio da tolerância limitada 91

O princípio da prudência e a deliberação
consciente 93
O princípio da responsabilidade interpessoal 94

Terceira parte – A ansiedade social: o medo da avaliação negativa e de se comportar de forma inapropriada

O "eu" e os "outros" 99
   A vergonha de si mesmo 102
      A vergonha pública (externa) versus a
         vergonha privada (interna) 103
      Esconder-se ou atacar 105
      Assertividade, autoaceitação e vergonha 106
   O medo de passar uma má impressão e a
      necessidade de aprovação social 110
      A armadilha da prevenção 112
      Assertividade versus imagem social 113
   O medo de se sentir ansioso e de se
      comportar de forma inapropriada 119
      A armadilha da ansiedade 120
      Quão importante é a forma de transmitir
         a mensagem? 128
   O medo das figuras de autoridade 133

Conclusões: Três princípios para combater a interferência da ansiedade social 138
   O princípio da aceitação incondicional:
      "Eu tenho valor" 140
   O princípio de comparar as ideias com a
      realidade: "Pensar como um cientista" 142
   O princípio da exposição ativa: "Enfrentar
      o medo" 144

Epílogo – Um guia para organizar e "pensar" a conduta assertiva

1. A situação que me leva a ser assertivo é real ou é produto da minha prevenção ou imaginação?..150
2. O que sinto e como me sinto?............................150
3. Para mim, é vital responder a esta situação?...151
4. Qual é a minha meta?..152
5. Que consequências negativas espero?.............155
6. Tenho alternativas de respostas claras para as prováveis consequências?....................................156
7. A execução do comportamento........................158
8. Autoavaliação..160

Referências bibliográficas...161

Introdução

Em cada um de nós há um reduto de princípios no qual o "eu" nega-se a se curvar e rebela-se. Não sabemos como surge, mas, às vezes, mesmo que o medo apareça e o perigo aumente, uma força desconhecida é lançada da consciência e nos coloca bem no limite do que não é negociável e não queremos nem podemos aceitar. Não aprendemos isso na escola, nem o vimos necessariamente em nossos progenitores, mas está aí, como uma muralha silenciosa, marcando o limite do que não deve ser transposto.

Temos a capacidade de nos indignarmos quando alguém viola os nossos direitos ou somos vítimas de humilhação, de exploração ou de maus-tratos. Apresentamos a incrível qualidade de reagir além da biologia e de nos enfurecermos quando nossos códigos éticos são atingidos. A cólera frente à injustiça chama-se indignação.

Alguns puristas dirão que é uma questão de ego e que, portanto, qualquer tentativa de salvaguarda ou proteção não é outra coisa senão egocentrismo disfarçado. Nada mais equivocado. A defesa da identidade pessoal é um processo natural e saudável. Por trás do ego que monopoliza está o eu que vive e ama, mas também o eu importunado, o eu que exige respeito e que não quer se dobrar, o eu humano: *o eu digno*. Uma coisa é o egoísmo moral e a presunção insuportável de que se sabe de tudo, e outra muito diferente é a autoafirmação e o fortalecimento de si mesmo.

Quando uma mulher decide enfrentar os insultos do marido, quando um adolescente expressa sua discordância diante de um castigo que considera injusto ou quando um homem exige respeito pela atitude agressiva de seu chefe, há um ato de dignidade pessoal que os engrandece. Quando questionamos a conduta desleal de um amigo ou resistimos à manipulação dos oportunistas, não estamos alimentando o ego, mas reforçando a condição humana.

Infelizmente, nem sempre somos capazes de agir desse modo. Muitas vezes dizemos "sim" quando queremos dizer "não", ou nos submetemos a situações indecorosas e a pessoas francamente abusivas quando poderíamos evitá-las. Quem não se recriminou alguma vez pelo silêncio cúmplice, pela obediência indevida ou pelo sorriso adulador e apaziguador? Quem não se olhou alguma vez no espelho tentando se perdoar pela subserviência, ou por não haver dito o que pensava de verdade? Quem não sentiu, ainda que de vez em quando, uma luta interior entre a indignação pela ofensa e o medo de enfrentá-la?

Uma grande parcela da população mundial tem dificuldades para expressar sentimentos negativos que vão desde a insegurança extrema (como, por exemplo, a fobia social, o estilo repressivo de enfrentamento, o transtorno de personalidade esquiva) até as dificuldades cotidianas e circunstanciais (como, por exemplo, ter um parceiro sem consideração ou um amigo "aproveitador" e não fazer nada a respeito).

Se revisarmos nossas relações interpessoais, veremos que não somos totalmente imunes ao abuso. Mesmo que tentemos minimizar a questão, quase todos temos por perto um ou dois aproveitadores. Não digo que devemos fomentar a suscetibilidade paranoide e nos mantermos na defensiva as 24 horas (as pessoas não são tão más como acreditamos), mas sim que qualquer um pode ser vítima da manipulação.

O abuso psicológico surge quando os aproveitadores encontram um terreno fértil para obter benefícios, ou seja, uma pessoa incapaz de se opor. Os submissos atraem os abusadores como o pólen atrai as abelhas.

Uma paciente de 45 anos, com o padrão típico das mulheres que amam demais e quatro separações no currículo, afirmava que Deus estava contra ela porque todos os seus ex-parceiros a tinham explorado de uma forma ou de outra. Jogar a culpa na injustiça cósmica a impedia de ver que, na verdade, era ela, com seu estilo exageradamente complacente, quem atraía os espertos de plantão. Em outro caso, um senhor de meia-idade, que dizia sim para tudo, queixava-se dos sócios (já havia tido seis) porque quase sempre ficavam com a melhor parte. Lamentava-se de sua má sorte quando, na verdade, era *ele* quem os atraía como um ímã e, além disso, os *aceitava*.

De alguma forma, as pessoas aproveitadoras e egoístas detectam os mansos/dependentes, desnudam-nos na relação direta, descobrem-nos pelo olhar evasivo, pelo tom de voz apagado, pela postura tensa, pelos gestos conciliadores, pelas conversas, pelas desculpas e amabilidade excessiva. Eles os localizam, os colocam na mira e atacam. Insisto, a ideia não é criar um estilo receoso e deixar de acreditar na humanidade, mas sim adotar uma atitude previdente.

Então, por que nos custa tanto ser consequentes com o que pensamos e sentimos? Por que razão, às vezes, mesmo sabendo que estou infringindo os meus preceitos éticos, fico quieto e deixo que se aproveitem de mim ou me faltem com o respeito? Por que sigo suportando os insultos, por que digo o que não quero dizer e faço o que não quero fazer, por que me calo quando devo falar, por que me sinto culpado quando faço valer meus direitos?

Cada vez que abaixamos a cabeça, que nos submetemos ou cedemos a demandas irracionais, damos um duro golpe em nossa autoestima: flagelamo-nos. E mesmo que saiamos aliviados naquele momento, conseguindo diminuir a adrenalina e o incômodo gerado pela ansiedade, resta-nos o dissabor da derrota, a vergonha de haver ultrapassado a barreira do amor-próprio, a culpa por ser um traidor das próprias causas. Nem sequer as reprovações posteriores, os haraquiris noturnos e as promessas de que "nunca mais vai acontecer" liberam-nos dessa sensação pungente de fracasso moral.

O que nos acontece? É tão importante a opinião dos demais que preferimos nos conciliar com o agressor a salvar o amor-próprio ou será que os condicionamentos são mais poderosos do que a autoestima? E não me refiro a situações nas quais a segurança pessoal ou a dos nossos entes queridos esteja *objetivamente* em jogo, mas à transgressão que não representa qualquer perigo real e da qual, mesmo assim, fugimos.

Quando exigimos respeito, estamos protegendo nossa honra e evitando que o eu se enfraqueça. No processo de aprender a gostar de si mesmo, junto com o autoconceito, a autoimagem, a autoestima e a autoeficácia, que já mencionei no livro *Aprendiendo a quererse a sí mismo*, é preciso abrir espaço para um novo "auto": o autorrespeito, a ética pessoal que separa o negociável do inegociável, o irreversível.

Como veremos ao longo destas páginas, há uma ferramenta psicológica, estudada e referendada em inúmeras pesquisas, chamada assertividade. No presente texto, tratarei o tema da *assertividade em oposição*, que se refere à capacidade de exercer e defender nossos direitos pessoais sem violar os alheios (por exemplo: dizer não, expressar discordâncias, dar uma opinião contrária ou não se deixar manipular). Deixarei o interessante tema da *assertividade em afeto* (por exemplo, dizer "amo você", contato físico, reforçar ou expressar sentimentos positivos) para outra publicação.

O texto está dividido em três partes. Na primeira são explicados os princípios básicos do comportamento assertivo, suas vantagens e contradições, dando ênfase aos direitos assertivos. A segunda parte refere-se ao problema da culpa e do medo de ferir os sentimentos dos demais como um dos maiores impedimentos para a assertividade. Retomam-se as crenças irracionais mais comuns, analisadas dentro de um contexto cognitivo e ético, mediante exemplos e casos. A terceira parte aborda o tema da ansiedade social, o segundo grande impedimento para que a conduta assertiva prospere. Analisa-se o medo da avaliação negativa e o "medo da ansiedade". Finalmente, no epílogo, proponho um guia com oito passos para organizar e pensar a conduta assertiva.

A assertividade é a liberdade emocional e de expressão, é uma forma de desobstruir nosso sistema de processamento e torná-lo mais ágil e efetivo. As pessoas que praticam a conduta assertiva são mais seguras de si mesmas, mais tranquilas na hora de amar e mais transparentes e fluidas na comunicação. Além disso, não precisam recorrer tanto ao perdão porque, ao serem honestas e diretas, impedem que o ressentimento crie raízes.

Este livro reúne a experiência de mais de vinte anos neste tema, tanto em pesquisa quanto na experiência clínica individual e grupal. É dirigido a qualquer pessoa que queira pensar em si mesma num contexto de dignidade pessoal, no qual o amor-próprio não briga com a ética, a amizade, a empatia ou a consideração pelos outros. A pessoa assertiva resiste a qualquer forma de humilhação.

Há uma zona intermediária entre a submissão obediente e a agressão doentia em que se realça a verdadeira faculdade humana de reconhecer-se individualmente sem ser individualista, de cuidar de si mesmo sem descuidar dos demais e de cultivar a saúde mental aprendendo a expressar adequadamente o que se pensa e o que se sente.

PRIMEIRA PARTE

ENTENDENDO A ASSERTIVIDADE

O QUE SIGNIFICA SER ASSERTIVO?

Nem submissão nem agressão: assertividade

Dizemos que uma pessoa é assertiva quando é capaz de *exercer* e/ou *defender* os seus direitos pessoais, como, por exemplo, dizer "não", expressar discordâncias, dar uma opinião contrária e/ou expressar sentimentos negativos sem se deixar manipular, como faz o submisso, e sem manipular nem violar os direitos dos demais, como faz o agressivo.

Entre o extremo nocivo dos que pensam que o fim justifica os meios e a queixa chorosa dos que são incapazes de manifestar os seus sentimentos e pensamentos, está a opção da assertividade: uma forma de moderação enfática, similar ao caminho do meio que promulgaram Buda e Aristóteles, no qual se integra construtivamente a tenacidade de quem pretende alcançar as suas metas com a disposição de respeitar e autorrespeitar-se. Vejamos alguns exemplos.

UM CASO DE SUBMISSÃO

Maurício é psicólogo clínico e tem sérios problemas para organizar a agenda dos seus pacientes. Muitos deles não comparecem às consultas, chegam atrasados ou simplesmente não pagam. A secretária dele também colabora com o caos administrativo, já que é bastante desorganizada e pouco eficiente. Maurício teme a rejeição das pessoas e, principalmente, ficar mal com os pacientes. As suas dívidas são muitas e, mesmo querendo fazer algo a respeito, não o faz. Não só está imobilizado, mas, inexplicavelmente, mostra-se "compreensivo" com os clientes descumpridores. No seu íntimo, há um vulcão prestes a explodir, há violência acumulada. É provável que, em algum momento de ira, alguns de seus pacientes saiam psicologicamente feridos. O comportamento de Maurício pode ser considerado como *não assertivo* (submisso).

As pessoas não assertivas pensam, sentem e agem de uma forma particularmente fraca na hora de exercer ou defender os seus direitos. Os pensamentos típicos que as caracterizam podem ser assim resumidos:

1. "Os direitos dos outros são mais importantes do que os meus."
2. "Não devo ferir os sentimentos dos outros nem ofendê-los, mesmo que eu tenha razão e isso me prejudique."
3. "Se eu expressar as minhas opiniões, serei criticado ou rejeitado."
4. "Não sei o que dizer nem como dizer. Não sou bom em expressar minhas emoções."

Como veremos adiante, os indivíduos submissos costumam mostrar medo e ansiedade, raiva contida, culpa real ou antecipada, sentimentos de menosprezo e depressão. A conduta externa é desanimada, pouco expressiva, com bloqueios frequentes, repleta de circunlóquios, postergações e rodeios de todo tipo. Podem inclusive agir de uma forma oposta a suas convicções e interesses, tudo para não contrariar os outros. O seu comportamento faz com que os aproveitadores não os respeitem.

É importante destacar que a maioria das pessoas tem um pouco de não assertividade. Não é necessário cumprir cada um dos critérios técnicos assinalados ou estar no extremo do servilismo para que a assertividade esteja em falta.

UM CASO DE AGRESSIVIDADE

Lina é uma médica famosa por sua antipatia. Não somente repreende as angustiadas mamães por suas "ilógicas" preocupações em relação à saúde dos filhos, mas também chega a dar sermões aos pequenos que vão ao seu consultório. Sorri pouco, é seca, fala de forma dura e o seu tom de voz é áspero. Quando está discutindo com alguém, abre os olhos de forma ameaçadora, gesticula, perde facilmente o controle e não mede as palavras. Os colegas reconhecem que é uma boa profissional, mas temem suas reações agressivas. Ela pensa que os mais fortes devem impor-se aos mais fracos e que as pessoas inaptas devem ser castigadas. A sua premissa é demolidora: "Eu sou mais importante do que você; o que você pensa e sente não me interessa".

Lina é uma mulher *agressiva*, acaba de completar 42 anos, é casada e tem três filhos homens. A crença que rege o seu comportamento é a de que *os direitos dela são mais importantes que os direitos de outras pessoas*. O comportamento dela infunde medo, mas não respeito.

Um caso de assertividade

Marta foi vítima de uma sogra intrometida durante mais de quatro anos. Seu marido é o menor de oito irmãos, o único homem e o queridinho da mãe. Quando soube que o filho iria se casar, a mulher chorou por semanas e odiou profundamente a futura nora. No entanto, com o passar do tempo, aprendeu a suportá-la como um mal necessário. Logo depois do casamento, a sogra de Marta começou a vigiar de perto os interesses do filho e a dirigir pessoalmente os afazeres da casa, as refeições, a organização das roupas, a decoração, as férias, enfim, quase tudo passava por ela.

Marta decidiu pedir ajuda profissional e depois de algumas semanas entendeu que, se quisesse manter o casamento a salvo, deveria ser assertiva com a sogra. Apesar dos arrebatamentos de raiva, dos ataques e das queixas da indignada senhora, Marta foi capaz de expressar os seus sentimentos *sem ser agressiva nem submissa*, mas assertiva.

Numa das tantas intromissões, Marta disse o seguinte, em tom firme, mas cortês: "Veja, vou lhe dizer algo que está me incomodando já faz tempo e talvez por medo ou respeito eu evitei dizer. Entendo que as suas intenções são boas e o que a senhora quer na verdade é cuidar e proteger o seu filho. A minha casa é a sua casa e está de portas abertas, gosto da senhora e sempre será bem-vinda, mas quero que saiba que alguns dos seus comportamentos me incomodam porque me sinto invadida no meu espaço e na minha privacidade. O meu marido e eu precisamos de mais intimidade e de tomar as nossas próprias decisões. Eu lhe garanto que nunca vou ferir o seu filho intencionalmente, pode confiar em mim".

A mulher reagiu como qualquer pessoa que não está acostumada com a assertividade: sentiu-se profundamente ofendida e se afastou indignada. Somente depois de alguns meses aceitou ser mais discreta e não se intrometer tanto na relação do filho.

Marta agiu assertivamente. E mesmo que talvez não tenha falado à perfeição, já que ficou vermelha e gaguejou um pouco, alcançou o seu objetivo: colocar a sogra no lugar que lhe cabe, longe do seu lar. Não foi submissa porque brigou contra o medo e disse o que pensava, ou seja, *defendeu o seu direito à intimidade*. Não foi agressiva porque não insultou a sogra, não lhe faltou o respeito e, inclusive, enfatizou que gostava dela. Marta foi digna, apesar do custo e da manipulação familiar.

Um caso de assertividade no qual a meta é estabelecer um precedente

Mesmo que Marta tenha conseguido modificar a conduta da sua oponente, a assertividade nem sempre alcança esse objetivo. Há ocasiões em que é impossível produzir uma mudança no ambiente. Em tais casos, o comportamento assertivo dirige-se à emoção e não ao problema, ou seja, a regular o estado emocional, mediante a demonstração honesta daquilo que está nos fazendo sentir mal. Em muitas circunstâncias, expiar, dizer, manifestar, arrancar a velha informação e "despejar" o que nos mortifica pode ser tão saudável e recomendável como modificar o ambiente externo.

Os dados disponíveis em psicologia da saúde são contundentes ao demonstrar que a demonstração do sentimento de insatisfação ou de ira é benéfica tanto para a autoestima quanto para o organismo.[1, 2, 3] A conduta assertiva *não necessariamente* deve gerar uma mudança nos outros, mesmo que às vezes consiga. É preciso levar em conta que a expressão da própria emoção é importante por si só.[4]

Lembro o caso de uma jovem pré-adolescente cuja mãe, depois de dar permissão para que fosse ao cinema, voltou atrás e disse que ela não poderia ir. A garota, que tinha um encontro "amoroso" de caráter inadiável, não demorou em pedir explicações sobre a mudança da mãe. Depois de uma troca prolongada de comentários e exigências de parte a parte, a conclusão da mãe foi categórica: "Não porque não e ponto final!". Diante de tal atitude e vendo a impossibilidade de comparecer ao seu encontro, a jovem foi, indignada, para o quarto. Depois de alguns minutos, voltou com uma carta que acabara de escrever e a leu em voz alta. A missiva dizia:

> "Olhe, mamãe, eu sou menor de idade e você tem o controle, mas isso não significa que tudo o que você diz seja correto, porque além de tudo, mesmo que não acredite, você é humana e pode errar. Não aceito um: 'Não porque não e ponto final!'. E apesar de não ir ao cinema, quero que saiba que não concordo com a forma impositiva como você faz as coisas. Quero fazer constar a injustiça que está sendo cometida nesta casa comigo. E também quero deixar claro que, mesmo que você tenha o

direito de mudar de opinião, eu tenho o direito de receber explicações razoáveis e de discordar. Dialogar é melhor do que impor. Eu fico sem sair, mas saiba que não gosto do que aconteceu."

Quando terminou o seu discurso, entregou uma cópia da carta para a mãe, outra para o pai e outra para o irmão menor que mal sabia ler. Depois acrescentou: "Já me sinto melhor", e foi para os seus aposentos com cara de missão cumprida. A senhora, desconcertada e sem saber o que fazer, decidiu pedir ajuda. Quando chegou ao meu consultório expressou assim o motivo da consulta: "Quero que veja a minha filha, doutor... Estou perdendo o controle sobre ela, está cada vez mais grosseira e mal-educada. Não sei o que vou fazer...". Ambas foram minhas pacientes.

Repito: *deixar clara a divergência e manifestar um sentimento de inconformidade, mesmo que não gere uma mudança imediata no ambiente, é um procedimento que fortalece a autoestima e evita a acumulação de lixo na memória.*

É melhor dizer "aqui e agora" do que tentar extirpar quando o problema já criou raízes no disco rígido.

A assertividade deve ser calibrada

Muitos dos que tentam passar da submissão à assertividade exageram na revolução e caem na agressividade. Contudo, o mecanismo pendular submissão/agressão vai se acomodando até encontrar um equilíbrio funcional e saudável.[5,6] Enquanto isso ocorre, é preciso ficar atento.

Sofia era casada com um homem que a maltratava psicologicamente. O motivo da sua consulta era claro e específico. "Quero me fazer respeitar. Eu me sinto muito mal comigo mesma... Quando ele me insulta ou me ignora, fico calada como se merecesse o castigo. Não sei me defender e, além disso, acho que tenho medo dele. Cansei de abaixar a cabeça... Quero fazer algo a respeito." Sofia havia dado o primeiro passo.

Quando expliquei os princípios da assertividade e o objetivo do tratamento, os olhos dela brilharam: "É disso que preciso!". Dei a ela um folheto e disse que teríamos algumas consultas prévias de avaliação para conhecer melhor outros aspectos da sua vida. Na semana seguinte, retornou com uma grande novidade: "Doutor, esta técnica é maravilhosa. No sábado à noite, chegamos de uma festa e ele começou a me agredir verbalmente, como sempre faz. Eu, imediatamente, lembrei-me do que o senhor havia falado sobre a defesa dos meus direitos. Então peguei um porta-retratos e atirei direto na cabeça dele... Ele se assustou tanto que não fez nada... Cortou um pouco a testa dele... Mas ele merecia... E tudo graças ao senhor, doutor!". Eu me senti como um boina-verde assessorando um futuro mercenário. Ela estava eufórica e desfrutando do seu "grande momento de assertividade".

Aconteceu com Sofia o que ocorre com muitas pessoas oprimidas: o acúmulo tóxico explodiu. O treinamento assertivo havia servido como detonador, e eu como desculpa. Depois de uma longa sessão pedagógica, ela voltou à realidade. "Você não foi assertiva, foi agressiva. O objetivo da assertividade não é ferir o outro, mas se defender e se autoafirmar, estabelecer precedentes de inconformidade e *tentar* modificar um comportamento que viola o nosso território. Mas, às vezes, por mais assertividade que usemos, é impossível produzir uma mudança significativa na outra pessoa. Nesses casos, é melhor recorrer a alternativas. Por exemplo, se alguém pretende abusar sexualmente de você, a assertividade não lhe servirá de nada. Não está projetada para a violência física, mesmo que possa ajudar. Frente a um suposto violador, o caratê ou a defesa pessoal seriam sem dúvida melhores opções do que a expressão honesta de sentimentos. Mas você *agrediu fisicamente* uma pessoa que somente a agredia de forma verbal, e isso fez com que a sua posição perdesse força e autoridade moral."

A resposta dela foi imediata: "E o que o senhor propõe? Deveria ter ficado quieta e deixar que me ofendesse como sempre?". Respondi que evidentemente não: "De forma alguma. Você pode ser enfática, expressar a sua raiva de uma forma adequada e dizer que não está disposta a seguir suportando esse tratamento. Independentemente da resposta do seu marido, você terá demonstrado o que sente com brio".

Sofia estava decepcionada com o seu terapeuta: "Que graça! De que me adianta isso? O senhor acha que a solução para mim é ficar ali como se nada fosse?". Então, respondi: "Você mesma respondeu. Há vezes em que a vida nos coloca contra a parede e nos obriga a tomar uma decisão crucial. Você está nesta encruzilhada. A assertividade permite abrir a válvula de pressão para que você exerça o direito de se opor, mas se o seu marido continuar com a mesma conduta e negar-se a respeitá-la, você pode fazer uso do *direito de ir embora*, que é muito mais conclusivo do que o direito à réplica. A assertividade permite esgotar possibilidades, uma vez que a transforma em participante ativa e não passiva da situação. Pode rachar um pau na cabeça dele ou trancá-lo num armário, mas a sua liberação deve começar pelo lado psicológico. Você não deve destruir o seu marido, mas o medo que a impede de agir". Finalmente, Sofia se separou. A assertividade lhe permitiu abrir o caminho que vai de dentro para fora.

Em outro caso, um jovem professor e advogado sentia-se agredido por seus estudantes, que riam pelas suas costas, não prestavam atenção à aula e mandavam bilhetes rindo das suas roupas, do seu cabelo e da sua estatura. Alguns faziam perguntas arrogantes e outros simplesmente o ignoravam. Três vezes por semana a adrenalina dele chegava ao topo e a sua autoestima descia ao subsolo. Havia começado a ter alterações do sono, ansiedade flutuante, dores musculares e irritabilidade.

Quando o meu paciente descobriu a ferramenta da assertividade, sentiu um grande alívio: "Não sou o único, por fim poderei me defender". Duas semanas depois chegou ao consultório com um passo firme e seguro. Parecia mais alto e o queixo apontava para o teto, o porte altivo, como advogados que pertencem a escritórios importantes. Então disse com orgulho: "A maioria foi reprovada na prova!".

Não nego que às vezes a vingança nos afaga e nos provoca um risinho maldoso involuntário, mas, como já disse, a assertividade não objetiva fazer uma apologia da violência. O autorrespeito não é alcançado destruindo os que nos incomodam, mas desmascarando-os com coragem. E como vimos no caso de Sofia, se a assertividade não for suficiente, sempre há a alternativa da renúncia digna e valente. Na terceira parte, retomarei o tema da coragem.

O jovem advogado, conforme avançou no tratamento, conseguiu calibrar e reajustar as flutuações da assertividade até encontrar o seu próprio estilo. Finalmente, não sem esforço, conseguiu sobreviver ao grupo.

A assertividade é uma ferramenta de comunicação que facilita a manifestação de emoções e pensamentos, mas não é uma arma destrutiva como a utilizada pelas pessoas agressivas. Foi projetada para *nos defendermos com inteligência*. Quando a colocamos a serviço de fins nobres, a assertividade não somente se transforma num instrumento de salvaguarda pessoal, mas nos dignifica.

Quando não convém ser assertivo: contradições, limitações e mal-entendidos

Há vezes em que a conduta assertiva pode ser *objetivamente contraindicada* e/ou *socialmente inconveniente*. Em cada caso, o balanço do custo/benefício e os interesses pessoais estabelecerão a linha a seguir. Ser assertivo abrange uma tomada de decisão na qual o sujeito deve medir os prós e os contras, decidir se é justificado ou não agir assertivamente (veja o "Guia para organizar e 'pensar' a conduta assertiva", proposto no epílogo).

Este processo de valorização é similar a qualquer estratégia de resolução de problemas[7, 8], ou de enfrentamento[9, 10], mas também implica uma dimensão ética, ou seja, uma atuação racional guiada pela convicção pessoal de que estou fazendo o que é certo.[11]

Um estudante de treze anos preferiu denunciar um dos seus professores por assédio sexual do que ficar em silêncio, mesmo sabendo que a sua vaga no colégio correria risco. Após uma detalhada investigação, o diretor expediu uma resolução que determinava a retirada do aluno do grupo por falta de "espírito conciliador e religioso". A decisão não pegou de surpresa o jovem ou os seus pais, que *estavam preparados* para as possíveis consequências: haviam assumido os riscos e estavam prontos a enfrentá-los.

Infelizmente, os eventos cotidianos nem sempre permitem um intervalo de reflexão, no qual de forma consciente e premeditada possamos nos antecipar aos fatos e implementar estratégias rápidas e eficientes de resposta. Mesmo assim, quando uma pessoa incorpora a conduta assertiva ao seu repertório e treina o suficiente, a capacidade de se defender torna-se automática e não é preciso "pensar tanto" antes de agir. Tornamo-nos mais ágeis e desenvoltos na hora de responder.

A habilidade de *discernimento*, de saber *onde* e *quando* é recomendável ser assertivo, faz parte de todos os protocolos de habilidades sociais.[12, 13, 14] Por exemplo, dizer ao presidente da empresa em que se trabalha que ele tem mau hálito não é somente imprudente como é estúpido. Ninguém tem um princípio "moral" que diga: "Nenhum dos meus semelhantes deverá ter mau hálito", portanto é negociável. Os fanatismos são sempre prejudiciais, mesmo quando disfarçados de assertividade.

De forma geral, podemos assinalar três tipos de contraindicações, situações em que não é recomendável ser assertivo.

QUANDO A INTEGRIDADE FÍSICA PODE SER AFETADA

Em meios sociais muito violentos, *nos quais a vida deixou de ser um valor*, é necessário reservar a assertividade somente para momentos relevantes e específicos, quando a integridade física não correr riscos. Ninguém em uso da razão pensaria em ser assertivo com alguém que está lhe apontando uma arma: "Senhor, quero fazer um protesto enérgico por sua conduta de delinquente e que atenta contra os meus direitos como cidadão".

Voltemos outra vez ao equilíbrio e às considerações sobre o que é vital para o indivíduo e o que não vale a pena. Existem casos em que o afetado decide que o risco é justificável por motivos ideológicos, religiosos ou de outro tipo e aceita ser assertivo, apesar do custo.

QUANDO SE PODE FERIR UMA PESSOA SEM NECESSIDADE

Se a assertividade pode ferir outra pessoa sem necessidade, a decisão deve ser revista. As pessoas que derramam sinceridade ácida pelos quatro cantos são insuportáveis. "Não gosto dos seus sapatos"; "Não gosto da maneira como você fala"; "Fico chocada com as suas piadas"; "Não coma assim"; "Você está com caspa"; "Está gorda"; enfim, o rosário dos que sofrem de rabugice crônica. A insensibilidade pela dor alheia não combina com a defesa dos direitos. Uma paciente se ufanava de haver sido assertiva com a empregada porque tinha dito a ela que o vestido que havia comprado com esforço e economia era horroroso.

A vida está cheia de mentiras piedosas, belas, ternas e humanistas. Fromm defendia que a pergunta sobre o homem ser lobo ou cordeiro, bom ou mau em essência, carecia de sentido ou estava mal formulada porque o problema não era de substância, mas de contradição interna, uma contradição inerente ao homem e que o impele a procurar soluções. Nas palavras dele:

> "Se a essência do homem não é o bem nem o mal, o amor ou o ódio, mas uma contradição que exige a busca de soluções novas, então o homem pode realmente resolver o seu dilema, de um modo regressivo ou de um modo progressivo."[15]

Ou seja, podemos escolher, não estamos determinados biologicamente a assassinar nem a fazer guerra, não há uma tendência que nos leve inexoravelmente a eliminar o outro, ao menos não no homem que possui a capacidade de conhecer a si mesmo. Posso escolher se vou ferir ou não, sou responsável pelos meus atos, e essa é a posição progressiva: deixar que as forças humanas que vivem em cada um possam se desenvolver.

Sartre[16] defendia que criamos a nossa essência à medida que existimos. Na realidade, todo assertivo é um existencialista em potencial, uma pessoa "condenada a ser livre" e a ser dona das suas próprias ações. Nós, psicólogos, chamamos esta percepção de *ponto de controle interno* ("Eu sou o último juiz da minha conduta", "Eu organizo o meu destino", "Eu tenho o controle da minha vida"), que, em última instância, não é outra coisa senão colocar em prática a filosofia sartriana de liberdade responsável. A sinceridade pode ser a mais cruel das virtudes quando é privada de exceções. Na segunda parte aprofundarei esses aspectos.

Quando houver um custo social significativo

Um ponto que causa furor entre os que começam a treinar a conduta assertiva é o *custo social*. A surpresa é grande, porque a quantidade de "amigos" costuma ser reduzida à metade. Tal como demonstram os estudos sobre a percepção social da assertividade, muita gente não gosta da honestidade direta, seja ela empática ou moderada.[17, 18]

Se uma pessoa é muito dependente de aprovação e considera a adequação social como um valor altamente desejável, a assertividade pode ser bastante desagradável, uma explosão de mau gosto. Quando alguém deseja fazer novos contatos e melhorar as suas habilidades para vencer a solidão, é melhor colocar a assertividade de molho por uns dias. Não digo eliminá-la (isso seria um atentado contra a saúde mental), mas subir o umbral da tolerância para facilitar o contato inicial com desconhecidos. A maioria dos assertivos tem poucos, mas bons amigos.

Os autores também falam de uma *assertividade situacional,* ou seja, a possibilidade de que se possa ser assertivo em uma determinada situação, mas não em outras. Por exemplo, há pessoas que podem defender os seus direitos adequadamente no trabalho, mas são incapazes de negar pedidos irracionais da esposa ou do marido. Outros podem expressar sem dificuldade irritação para desconhecidos e para amigos, mas se mostram incapazes de enfrentar certos membros da família. Cada domínio de troca interpessoal (conhecidos, casais, pais, estranhos, figuras de autoridade ou relações profissionais) constitui uma dimensão especial na qual a assertividade pode se dar ou não. Não obstante, em nossa experiência, as pessoas tímidas, emocionalmente dependentes, reprimidas e introvertidas parecem ser caracterizadas pelo que poderíamos chamar de uma *personalidade não assertiva*.

O PODER DA ASSERTIVIDADE: POR QUE É BOM SER ASSERTIVO?

A assertividade fortalece o amor-próprio e a dignidade

Para exigir respeito, devo começar por respeitar a mim mesmo e reconhecer aquilo que me faz *particularmente valioso*, ou seja: *devo gostar de mim e me sentir digno de ser amado*. De fato, a dignidade pessoal é o reconhecimento de que somos merecedores do melhor. Assim como nos sentimos amados e importantes quando alguém nos defende e nos protege, da mesma maneira a autoestima sobe como espuma quando resistimos a ser sacrificados, usados ou explorados.

Se aceito de forma passiva a injustiça ou a ofensa, estou admitindo pelos fatos que *mereço ser tratado indevidamente*. Esta é a razão pela qual os que têm poucas habilidades sociais e carecem de assertividade sofrem de depressão.[19] Um paciente que sofria de ansiedade social e depressões frequentes chegou a uma conclusão interessante, um *insight* revelador que não havia processado antes de forma categórica: "Se eu não me gostar, ninguém vai gostar de mim!". Muitos pacientes deprimidos melhoram claramente com o treinamento assertivo porque rompem o esquema de desamor a que inevitavelmente levam os padrões de submissão.

Seguindo Savater,[20] podemos dizer que a dignidade humana implica pelo menos quatro condições:

a. Não ser um instrumento para outros fins diferentes dos próprios.
b. Ser autônomo nas próprias decisões.
c. Ser tratado de acordo com os seus méritos e não com circunstâncias aleatórias como raça, etnia, classe social ou preferência sexual, ou seja, não ser discriminado por essas razões.
d. Não ser abandonado, desprezado ou rechaçado do ponto de vista afetivo.

O ponto "a" é o que Kant denominou de *imperativo categórico* ou moral.

"Em todas as suas ações, não somente as dirigidas a si mesmo, mas também as dirigidas aos demais seres racionais, o homem deve considerar-se sempre ao mesmo tempo como um fim."[21]

Vejamos um caso no qual foram levados em conta os quatro postulados da dignidade pessoal para que uma paciente pudesse ser assertiva.

Gloria era uma mulher de 36 anos, de origem salvadorenha, casada com um homem que trabalhava no ramo financeiro. A vida dela girava em torno das três filhas e do marido. Era uma mulher tímida, recatada, mas astuta e inteligente. Ao chegar à consulta, estava deprimida e uma sensação de vacuidade e incompletude a acompanhava quase todo o tempo. Em geral, esta sensação fragmentada costuma estar associada com a impossibilidade de se desenvolver como pessoa: o "sentido da vida" do qual fala Viktor Frankl. A sensação de que nos falta algo.

Havia uma mortificação latente em Gloria da qual não estava consciente. Mesmo que o marido a amasse, a relação afetiva estava na corda bamba. Gloria sentia que o marido não a admirava, que a limitava em algumas coisas e a subestimava em outras. Às vezes, fazia troça "amigavelmente" dos gestos, do sotaque salvadorenho e da etnia dela.

Quando a ofensa tem um caráter leve ou sutil e está coberta por um suposto senso de humor, a mente acaba se acostumando. O autoengano adota diferentes formas de justificativa: "Uma coisa compensa a outra" ou "Há coisas piores". No entanto, como diz o ditado, sofre-se em silêncio. Não podemos nos resignar à descortesia da pessoa que amamos, por mais "delicada" e lúcida que ela seja, sobretudo caso isso se repita sistematicamente. A falta de assertividade e o silêncio complacente de Gloria não faziam mais que endossar a conduta agressiva e machista do marido

Durante a etapa inicial da terapia, introduzi o tema da assertividade, dei a ela material relacionado à importância de defender e exercer os direitos pessoais e propus que revisássemos os quatro aspectos que definem a dignidade humana para ver se na sua vida afetiva alguns deles não estavam presentes. No princípio, ela não viu muito sentido nisso porque queria respostas práticas e concretas, mas finalmente aceitou.

A minha hipótese era que, se Glória conseguisse *compreender racionalmente* de onde se originava seu sentimento de indignação, poderia agir de forma assertiva, sem culpa nem medo. A minha experiência como terapeuta diz que, se estamos convencidos até a raiz do cabelo e integramos até a última célula do corpo ao debate, o comportamento será muito mais efetivo.

Expliquei a ela que, muitas vezes, devido a medos e crenças irracionais, terminamos nos acostumando a situações abertamente desagradáveis e incômodas e que a única maneira de sair desse atoleiro é ver as coisas como são, de forma realista e crua.

Terapeuta (T): Você se sente usada por seu marido?
Gloria (G): Nunca havia pensado nesses termos... Não, ele não é um aproveitador... Eu me sinto mal falando disso, ele é um bom homem...
T: Ninguém está negando isso. A ideia não é difamá-lo, mas ver como você se sente. Você o ama, e isso é bom. Quero que pense do ponto de vista amoroso...
G: Às vezes me sinto mal no lado sexual... Ele não se preocupa muito comigo. Não é que me sinta como um objeto... Bem, um pouco... Eu gostaria que ele fosse mais carinhoso durante a relação e que entendesse quando eu não tenho vontade. Às vezes ele me obriga a fazer...
T: Você acha que pode ter autonomia nas suas decisões ou se sente impedida em algum sentido?
G: Gostaria de estudar, mas com as crianças é difícil... São muito pequenas.

T: Elas já vão à escola, não é? Qual é o horário delas?

G: Das sete da manhã às três da tarde.

T: E nesse tempo não poderia se dedicar a outras coisas do seu interesse?

G: Não, não tenho apoio.

T: Você precisa do apoio de quem?

G: Do meu marido e da minha mãe... Ela sempre cuida do meu desempenho como mãe... E ele acha que não é o momento, que talvez mais adiante... As crianças precisam de mim... Inclusive se quero sair com uma amiga costuma haver problemas... Às vezes, sinto que as minhas coisas não são importantes. Acho que meu marido as subestima.

T: Você acredita que é tratada de acordo com seus méritos ou existe algum tipo de discriminação?

G: (silêncio)

T: Devo repetir a pergunta?

G: Não, não... Estava pensando. Alguns amigos nossos e também o meu marido brincam com a minha nacionalidade... Sei que não fazem isso por mal, mas sempre me lembram de que sou estrangeira... Toda vez que podem fazem algum comentário sobre o subdesenvolvimento de El Salvador, ou sobre o quão ruim é a comida típica de lá, o meu sotaque, enfim... Não me sinto respeitada, me sinto ofendida por brincarem com a minha origem... Especialmente o meu marido.

T: Você acha que foi abandonada ou pouco cuidada em algum sentido?

G: Acho que sim... Sim... Não me sinto amada nem admirada... É triste reconhecer isso... Dói.

T: Acho que este exercício foi útil. Você não se sente tratada com dignidade, esse é o seu mal-estar. Nas quatro perguntas que lhe fiz houve "mas", insatisfações, aflição, as respostas que você dava lhe doíam porque mostravam uma realidade que não quer ver. Não é preciso que nos atinjam fisicamente para que nos machuquem. De toda forma, acho que o seu marido a ama e que somente é preciso ensiná-lo a se relacionar de uma maneira mais construtiva e respeitosa com você. Você pode fazer isso, se for assertiva.

Gloria *tomou consciência* de que a sua dignidade pessoal estava sendo desrespeitada. A *reflexão racional* deu a ela mais segurança na hora de agir e lhe permitiu justificar a mudança que desejava. Em outras palavras, legitimou o seu sentimento e se autorizou a ser assertiva. Em muito pouco tempo, não somente conseguiu que o marido e a mãe a levassem mais a sério, mas também validou o seu diploma para ingressar na universidade.

Poderíamos argumentar que Gloria deveria ter ignorado as piadas e opiniões dos demais, inclusive do marido e da mãe. Mas esta é uma posição artificial e distante da realidade. Gostemos ou não, somos seres "dioicos": temos uma identidade a defender se não queremos perder a sensatez. Gloria não era uma mulher mesquinha, hipersensível ou paranoica, somente alguém que queria colocar limites razoáveis e exercer os seus direitos.

A influência oriental pouco séria estigmatizou o "eu", como se o "si mesmo" fosse uma palavra ruim.

Muitos fanáticos da Nova Era, não muito bem informados, supõem que defender a condição humana e autoafirmar a assertividade é alimentar o ego. Inclusive, para muitas pessoas, a autoestima e qualquer outro "auto" são suspeitos de narcisismo. O erro é enorme.

Não somos como nuvens sem rumo, *nevoeiro* à deriva, mesmo que possamos brincar de ser, caso necessário. A questão não consiste em apagar os nossos impulsos naturais devido a uma tolerância mal compreendida, mas em saber quando se justifica acendê--los (sem incendiá-los) e nos comportarmos de forma estável e corajosa. Nem sequer o mal compreendido "conformismo budista" escapa desse princípio. Em sua sabedoria, o Dalai Lama diz:

> "Com tudo isso, não quis de maneira alguma dar por certo que não existam ocasiões em que seja apropriado responder frente aos demais tomando medidas firmes. Praticar a paciência no sentido que procurei descrever tampouco significa aceitar tudo o que os demais queiram nos fazer e ceder aos seus desejos sem mais nem menos."[22]

A *resistência passiva* do budista não é passividade, mas uma estratégia para que pensamentos e emoções negativas não se apoderem da mente e alterem o comportamento. A assertividade, além de proteger o nosso amor-próprio, permite modular a violência interior para alcançar a dignidade de uma forma inteligente.

A assertividade permite uma melhor defesa psicológica e nos torna mais seguros

Quando somos assertivos, diminui a discrepância entre o eu real e o eu ideal. Cada vez que executamos uma conduta assertiva é gerada uma resposta que nos diz: "Você foi capaz". Levanta o eu real.

Cada vez que exercemos o direito de expressar nossas opiniões e nossos sentimentos, o eu real cresce, afirma-se, descobre a si mesmo, assombra-se com a sua capacidade. E, então, o eu ideal não se acha tão longe.

Uma analogia que descreve adequadamente o estilo assertivo é a do campeão de caratê. Se o atleta internalizou corretamente a sua aprendizagem, somente a utilizará em defesa própria e quando for estritamente necessário, mas sabe que possui a habilidade. O cerne de toda pessoa assertiva é de fortaleza, de segurança. É o oposto da mentalidade do dependente, que todo o tempo acredita ser fraco e que precisa ser protegido para sobreviver. A assertividade e o treinamento em habilidades sociais é um dos tratamentos complementares mais utilizados para passar da *fraqueza percebida à fortaleza percebida*.[23, 24]

A assertividade facilita a liberdade emocional e o autoconhecimento

Uma das áreas de atuação mais interessantes e promissoras da psicologia aplicada é a psicologia preventiva, cujo objetivo é antecipar as doenças psicológicas e promover a saúde física e mental.[25] Daí nasce a autoajuda séria e profissional.

Dentro desse plano de prevenção, a assertividade nos ajuda a experimentar e integrar as emoções em nossa vida. Quando expresso o que penso e sinto, libero a mente e curo meu corpo. Concedo-me a oportunidade de observar a mim mesmo em relação aos outros, me descubro e me compreendo em cada ação e reação do intercâmbio. As pesquisas mostram que a expressão assertiva da raiva e das emoções em geral permite prevenir doenças e melhorar a qualidade de vida.[26]

As pessoas emocionalmente inibidas e não assertivas, como, por exemplo, as que utilizam um *estilo repressivo de enfrentamento* ("Não quero sofrer mais") ou um *padrão alexitímico* ("Não entendo as emoções"), são incapazes de se relacionar com o mundo afetivo exterior e interior. Sem inteligência emocional e sem assertividade, não podemos aproveitar a vida nem compreendê-la.

A assertividade ajuda a resolver problemas e a melhorar a comunicação

A assertividade permite relações mais funcionais, mais diretas e autênticas. É um método de comunicação por excelência, no qual a honestidade e a transparência são determinantes. Esta é a razão pela qual é utilizada com frequência na terapia de casal ou no treinamento de habilidades de comunicação.[27, 28]

Pablo era um homem que nunca dizia o que pensava, se isso implicasse confronto. Era isolado e extremamente reservado. A esposa dele, ao contrário, era barulhenta, exigente e hiperativa. Por vinte anos viveram uma relação incompleta. Ela esperando o milagre de que o marido expressasse emoções, e ele desejando ficar surdo para não escutar mais as queixas da mulher.

Ele foi ao meu consultório porque a esposa havia lhe dado um ultimato. As exigências poderiam ser resumidas em dois pontos básicos: mais comunicação verbal e mais sexo. Depois de várias sessões, como Pablo tinha dificuldade de expressar seus sentimentos, percebemos que grande parte do problema vinha da sua falta de assertividade. A incapacidade de expressar sentimentos de oposição havia alimentado o seu ressentimento e perpetuado a relação ruim.

A esposa mantinha uma quantidade de "proibições" às quais Pablo vinha aceitando fazia vinte anos sem reclamar, para "evitar ter mais problemas". Entre outras exigências, a sua lista incluía: não ler o jornal à mesa, deitar antes das nove para ver a novela com ela, não chegar tarde em casa, não jogar bilhar (porque era coisa de "gente baixa") e não se trancar para ouvir música "popular" (só lhe permitia ouvir música "culta").

Pablo havia optado pela estratégia de travamento: não dizer nada, guardar a irritação e em seguida se vingar. Como sabia que a comunicação verbal para ela era importante, praticava o mutismo eletivo, e como, além disso, a esposa era fogosa, só abria as comportas do sexo uma vez ao mês, se tanto.

Expliquei a ele que a melhor maneira de eliminar o rancor e repensar novamente a relação (nunca é tarde) seria utilizar a assertividade, mesmo que no princípio as disputas se acirrassem. Por meio de diversas técnicas, ele preparou-se para ser assertivo e não ceder às exigências injustas da esposa.

Pablo começou a utilizar a *negação empática* (dizer "não" de maneira respeitosa, sem gestos ameaçadores e com um tom de voz moderado), seguida de uma *explicação direta e concreta* de por que se negava a seguir as ordens dela. O primeiro enfrentamento ocorreu quando ele sentou para ler o jornal de manhã. Imediatamente, ela lhe chamou a atenção e tentou lhe tirar o jornal. Então Pablo se defendeu e respondeu em tom firme, mas não agressivo: "Não importa o que você diga, vou ler de todo jeito. Para mim é importante. Você pode ficar brava, se quiser, mas vou seguir lendo". A mulher levantou-se furiosa, atirou a xícara de café com leite no chão e saiu indignada. Pablo concentrou-se na sua leitura. À noite, quando ela arrumou a cama para que se deitassem para ver a novela, ele lhe disse que preferia ir escutar música. Ela perguntou que tipo de música, e ele respondeu que iria ouvir música popular. Ela suspirou, apagou a televisão e dormiu encolhida.

Assim, um por um, os comportamentos de Pablo foram demarcando o território dos seus direitos e controlando os ataques da esposa. Finalmente, depois de três longos e intermináveis meses de guerra fria, e não tão fria, ela decidiu quebrar o silêncio e falar sobre o assunto (todos temos um limite de resistência). Para a sua surpresa, encontrou um marido aberto ao diálogo, muito menos precavido e disposto a resolver os problemas de forma franca e assertiva. O silêncio punitivo e a indiferença sexual, que Pablo tanto havia utilizado no passado, já não eram necessários.

Os problemas interpessoais somente podem ser resolvidos se disponibilizamos toda a informação relevante, ou seja, se expressamos o que na verdade pensamos e sentimos. Uma boa comunicação deve, necessariamente, ser assertiva.

Os direitos assertivos

O tema dos direitos assertivos é o ponto central, o primeiro *requisito* a partir do qual saberemos reagir assertivamente ou não. Por exemplo, se alguém considera que os seus direitos são inúmeros e que, além disso, todos eles são inegociáveis, é provável que a necessidade de se proteger aumente de forma desproporcional: haverá muita coisa a defender. É o caso do agressivo, do rabugento, do obsessivo e de algumas desordens da personalidade.

Se, ao contrário, considera-se que todos os direitos são negociáveis e se reduz o seu número à mínima expressão, é quase certo que o comportamento assertivo ocorrerá muito esporadicamente ou nunca. É o caso das pessoas submissas com baixa autoestima ou daqueles indivíduos que, por suas crenças religiosas ou de outra índole, decidem se entregar a uma "missão de vida" na qual os outros são mais importantes do que eles.

Cabe perguntar se nesses casos poderíamos falar de uma espécie de "não assertividade transcendental". Por exemplo, seria correto dizer que Francisco de Assis não foi "assertivo"? Acho que não. Mas o que poderíamos dizer das resignadas avós que permitiam os maus-tratos dos seus maridos porque acreditavam que eles tinham mais direitos do que elas? Creio que eram mais oprimidas do que santas.

Um submisso feliz por ser explorado, que se orgulhe do maior masoquismo e que acredite na miséria humana, como os personagens de Dostoiévski, seria um inassertivo *egossintônico*, ou seja, sintonizado com a sua deficiência e orgulhoso de ser como é. O risco de assumir esta posição é o de ficarmos ancorados no déficit e nunca alcançarmos a melhora.

A maioria das pessoas submissas, quando perguntada por seus direitos, sente-se desconcertada porque não está acostumada a pensar nesses termos. ("Nunca havia pensado nisso, não tenho ideia de quais podem ser os meus direitos.")

Quando perguntei a uma senhora casada a razão pela qual o marido podia dormir a sesta e ela não, respondeu que isso era "o normal" na sua família. E quando pedi que me desse uma explicação de por que dormir a sesta era um privilégio exclusivo do marido, a confusão foi tal que somente se limitou a dizer: "É homem".

Um jovem que pagava uma pensão barata enquanto cursava medicina era incapaz de exigir qualidade na comida que lhe serviam porque tinha a crença de que em lugares de pouca categoria a comida necessariamente deveria ser ruim e, portanto, não era "permitido" fazer exigências para que melhorassem as refeições: "Isso é para os ricos", me disse uma vez.

Uma senhora idosa que era literalmente agredida pelo enteado, depois de oito dias pensando em seus direitos, chegou com uma conclusão contundente: "Não sei". Quando perguntei o que pensava sobre o seu direito de ser respeitada em sua integridade física ou de ser livre, me respondeu encolhendo os ombros: "Isso não é para mim, doutor".

A tarefa de reconhecer quais são os direitos assertivos pessoais não é fácil. Às vezes, a melhor maneira de encontrá-los é ver quais são os defendidos pelas demais pessoas, imaginarmos a nós mesmos em uma situação conflituosa e/ou nos observarmos nas relações interpessoais cotidianas para detectar *quando* e *como* aflora a indignação.

A indignação pode ser definida como um *sentimento de cólera diante da injustiça*. Quando sentimos uma onda de ácido clorídrico no estômago, quando perdemos a voz ou ficamos com os olhos vermelhos de raiva, quando não podemos pregar os olhos pensando no que nos fizeram, quando uma força interior desconhecida impede-nos de esquecer, é provável, ainda que não definitivo, que estejamos diante de um direito vital.

Os direitos são valores

Lembremos que as pessoas não assertivas tendem a menosprezar os fatos como "pouco importantes", mesmo que se dilacerem por dentro. Diante do abuso, sempre se sente a indignação, mas podemos transformá-la em agressão autodestrutiva, minimizá-la, reprimi-la ou escondê-la nas entranhas da justificativa pusilânime. Reproduzo um diálogo que tive com uma jovem universitária quando ela soube que o namorado era infiel.

Paciente (P): É da natureza dele... Não vou mudá-lo. Não gosto que seja assim, mas na hora da verdade todos os homens são iguais.
Terapeuta (T): Você concorda com a infidelidade?

P: Não.
T: Mas você aceita que ele seja infiel?
P: E o que eu posso fazer?
T: Diga a ele que não concorda.
P: Isso não vai fazer com que ele mude.
T: Não importa, você estaria exercendo o direito de manifestar a sua discordância.
P: Mas e daí?
T: Você não acha que merece um parceiro fiel?
P: Sim...
T: Pois então?
P: Então, nada.
T: Você não acha que tem direito a ser tratada com respeito?
P: Não sei, talvez não seja um direito...
T: O quê?
P: A fidelidade.
T: Prefere aceitar que ele seja infiel a correr o risco de perdê-lo?
P: Não tenho opção.
T: Sim, você tem.
P: Não vou fazer isso.

A fidelidade não era para ela um *valor verdadeiro*, mas um *valor conceitual* e ambíguo, pois na prática, no contexto real da sua relação afetiva, tolerava a traição. O sentimento de indignação, se é que existia, estava oculto ou reprimido.

Quando o direito é considerado de fato como um valor, transforma-se em algo visceral, sentido em cada parte do corpo, que corre por dentro de nós e arrepia a pele, sai pelas mãos e explode diante do nosso nariz. Alguns filósofos da ética defendem que os valores são *motivações essenciais, interesses radicais e extremos que irremediavelmente nos impulsionam a nos comportarmos em concordância com eles e a defendê-los.*

Entretanto, esta "força de combate" psicoafetiva pode ver-se bloqueada. Se o medo aparece, os direitos podem começar a balançar, a se confundir ou inclusive a ceder. Quando Krishnamurti dizia que o medo corrompe, referia-se justamente a este fenômeno de inibição recíproca no qual o mais profundo convencimento parece perder a validade diante do temor: *o pior inimigo da convicção é a adrenalina.*

Devido ao apego afetivo, a minha paciente preferiu resignar-se à infidelidade antes de assumir o risco de perder o homem que supostamente amava. O medo e o "antivalor" foram mais fortes do que os princípios e a assertividade.

Quantos direitos existem?

Mesmo que costumem ser fundamentalmente idiossincráticos (cada um define os seus próprios direitos), os manuais de assertividade e a experiência clínica conseguiram estabelecer um grupo de "universais assertivos" que, apesar de não esgotarem o tema, podem servir de orientação para os que desejam começar a explorar o assunto. Apresentarei uma síntese extraída de várias fontes.[29, 30, 31, 32]

1. O direito de ser tratado com dignidade e respeito.
2. O direito de experimentar e de expressar sentimentos.
3. O direito de ter e de expressar opiniões e crenças.
4. O direito de decidir o que fazer com o próprio tempo, corpo e propriedade.
5. O direito de mudar de opinião.
6. O direito de decidir sem sofrer pressões.
7. O direito de cometer erros e de ser responsável por eles.
8. O direito de ser independente.
9. O direito de pedir informação.
10. O direito de ser ouvido e levado a sério.
11. O direito de ter sucesso e de fracassar.
12. O direito de ficar sozinho.
13. O direito de estar feliz.
14. O direito de não ser lógico.
15. O direito de dizer: "Não sei".
16. O direito de fazer qualquer coisa que não viole os direitos dos demais.
17. O direito de não ser assertivo.

A lista pessoal de direitos assertivos é flexível e autocorretiva. Manter-se na tarefa de revisá-los e estudá-los nos dá a possibilidade de aprender a detectar os mais importantes. A vida se encarregará de dizer quais deles estão a mais e quais não.

Os direitos não podem separar-se dos deveres

É bom levar em conta que cada direito arrasta consigo a sua contrapartida. Assim como uma moeda de duas faces, cada um deles leva impresso uma obrigação, ou seja, os temidos e bem ponderados *deveres*.

Chamou-me a atenção como a maioria dos pacientes que conseguiu superar a falta de assertividade criou uma solidariedade natural, eu diria "de condição", com outras pessoas não assertivas e vítimas de abuso. Uma espécie de compaixão e reconhecimento pela dor alheia, que foi inicialmente sentida na própria pele, leva-os a preocupar-se com os demais: "Eu fui assim e a compreendo, jamais me aproveitaria de você". Estas pessoas descobrem (vivem, sentem, percebem) a existência de um princípio ético natural, simples e universal: "Não faça aos outros o que não quer que façam a você". Voltaire, em seu *Tratado sobre a tolerância*,[33] diz assim:

> "O direito humano não pode ser fundamentado em nenhum caso senão sobre esse direito da natureza; e o grande princípio, o princípio universal de um e do outro, é o mesmo em toda a terra: *Não faças aos outros o que não queres que te façam.*" (O itálico é meu.)

O melhor complemento prático do exercício do direito, que nos ajuda a não nos exceder quando decidimos ser assertivos, está na primeira fórmula do dever de Kant.[34, 35] "Opere sempre de tal modo que a máxima da sua ação possa ser erigida como norma universal."

Quando executo uma conduta de qualquer tipo, especialmente se os outros podem ser afetados, deveria parar um instante e pensar duas coisas:

a. Como seria uma sociedade regida pelo princípio que me guia ao agir?
b. O que aconteceria se todos agissem como eu, seria melhor ou pior?

Se esse exercício virtual dá como resultado uma sociedade inabitável, regressiva, cruel e injusta, seria conveniente revisar o meu comportamento. É impossível que eu me ache mais perto de um ato agressivo e irresponsável do que da assertividade.

O direito fica evidente quando alguém ultrapassa o limite dos nossos princípios

Os direitos podem aparecer em qualquer lugar, de qualquer maneira e quando menos esperamos. Lembro o caso de uma dentista viúva, com uma filha de sete anos, que ainda mantinha relações com a família do ex-marido, apesar dos maus-tratos psicológicos que recebia da parte deles. Não a cumprimentavam, davam indiretas de todo tipo, ignoravam-na ou simplesmente lembravam a má esposa que ela havia sido. Ela havia se consultado comigo porque a timidez e a falta de assertividade a impediam de se relacionar adequadamente com os colegas de trabalho.

Quando perguntei a ela por que seguia indo à casa dos sogros, respondeu: "Sou uma mulher sem família e não quero que a minha filha se desvincule dos avós paternos e dos primos. Faço por ela". Nenhum dos meus argumentos teve efeito para fazê-la mudar de opinião. Sistematicamente, a cada domingo, convocava a filha, abria mão da sua dignidade e submetia-se aos desmandos de um grupo familiar que não gostava dela.

Mas um dia ocorreu algo inesperado, algo que nunca havia acontecido na casa dos sogros. A criança, sem querer, deixou cair o rádio com o qual o avô escutava a partida de futebol. O senhor, louco de raiva, gritou "menina estúpida", a sacudiu e depois a empurrou contra a parede, o que causou na pequena um choro desconsolado e angustiado. A minha paciente, que presenciava o ocorrido, teve uma transformação instantânea, eu diria que foi uma "mutação assertiva". Sem perder a compostura e no seu estilo econômico, disse ao sogro: "O senhor é um idiota e sempre foi assim. Se voltar a tocar nela, vai se ver comigo". Em seguida aproximou-se até quase roçar o queixo com o do surpreso homem, o olhou fixamente e murmurou: "O senhor me entendeu?". O cunhado tentou intervir, mas ela o ameaçou com o dedo: "Nem tente se levantar desta cadeira!", e o indivíduo tombou no assento como se tivessem lhe apontado uma arma. Depois, pegou a filha e se retirou, para nunca mais voltar.

O que aconteceu com essa mulher? Como pode alguém mudar num instante dessa forma? Pelo que sabemos hoje em psicologia, podemos dizer que em situações limite e diante de acontecimentos vitais extremos, um velho reduto defensivo, milenar e desconhecido, ativa-se. O outro "eu" aparece.

No caso da minha paciente, quando mexeram com a filha, um "clique" inexplorado entrou em operação. Em algum lugar, havia um valor não negociável, um direito especial oculto, mistura de biologia e de amor que ela não conhecia e eu jamais supus. Bastou apertar a tecla adequada para que saísse brilhando uma mulher corajosa, consequente e assertiva.

Algum especialista no assunto poderia dizer que a sua assertividade foi maculada por certa provocação, que possivelmente houve um clima agressivo, que a palavra "idiota" ou o gesto com o dedo não eram necessários, que havia uma ameaça velada em sua mensagem, enfim. No entanto, quando ela me contou a história com riqueza de detalhes e pude ver no seu rosto a profunda satisfação de dever cumprido, a parabenizei. Não fui muito exigente na definição técnica. Ela foi assertiva, não à maneira inglesa, fleumática e tranquila, mas à maneira italiana: direta e emotiva. Eles nunca suspeitaram que por trás dessa mulher tímida e aparentemente insegura havia uma tigresa disposta a defender a sua cria.

O QUE NOS IMPEDE DE SER ASSERTIVOS?

O que nos impede de agir assertivamente, dizer "não" e não nos deixarmos manipular ou explorar? Muitas vezes, sentimos o impulso vital, a reação natural de nos defender, mas algo nos freia. Uma força extremamente poderosa e oposta à irritação entra em cena com o objetivo de aplacar a rebelião e nos impedir de agir como quisermos.

Imaginemos que uma pessoa não assertiva esteja numa longa e entediante fila quando um estranho, com o maior descaramento, pega o seu lugar. O que poderíamos esperar e prever de um sujeito não assertivo nesta situação? O que acontece no seu íntimo? Vejamos.

É provável que não faça nem diga nada. Muito possivelmente, no seu íntimo, se desencadearia uma luta simultânea entre dois processos opostos: um mental e outro emocional. De um lado, a indignação ativaria o organismo para um ataque de grande escala, as suas funções entrariam em alerta vermelho e a artilharia mais pesada de todas, a biológica, apontaria direto para a cabeça do seu oponente. Mas, ao mesmo tempo, um sistema de crenças altamente avaliativo começaria a moderar a ofensiva. Uma dúvida metódica e existencial, orientada a prever consequências, bloquearia o sistema de ação e o obrigaria a revisar a questão e a tremer. A firme intenção de protestar, de não se dar por vencido, de se fazer respeitar até as últimas consequências começaria, lenta e inexoravelmente, a ceder terreno diante de um inimigo difícil de enfrentar: o medo ganharia a batalha. "Pois não, senhor, passe, vá em frente, fique à vontade, não me importo, não tenho pressa, é um prazer..."

A lista de medos que nos impedem de ser assertivos pode ser longa e variada. Só para citar alguns: medo de parecer inoportuno, medo de uma resposta agressiva do outro, medo de perder o controle, medo de ser inadequado, medo de sentir culpa, medo de não saber o que dizer etc. De acordo com a história pessoal, cada um vai fabricando os seus próprios fantasmas. Caso vença o sentido da dignidade, haverá uma resposta assertiva; caso ganhe o medo, haverá evasão/submissão.

Há pouco, eu estava numa longa fila esperando um táxi. Era noite e havia greve de taxistas, portanto os carros chegavam a conta-gotas. O clima era tenso, pesado e úmido. O mau humor podia ser sentido em cada um dos que ali estavam. De repente, apareceu uma mulher de uns sessenta anos, de cabelo muito branco, arrastando um carrinho de supermercado cheio de pacotes. Devagar, se aproximou do primeiro lugar da fila e ficou olhando com gesto de súplica a mulher que estava na primeira posição. Depois de alguns minutos, possivelmente pela pressão, a mulher a convidou a tomar o seu lugar. "Fique aqui, eu cedo o meu lugar", e deu um passo atrás. A idosa agradeceu com gesto benevolente e se acomodou como uma galinha disposta a chocar um ovo.

Imediatamente, todos acordamos do sono como se tivéssemos tomado um choque elétrico. Eu comecei a experimentar uma mistura de raiva e ansiedade que foi crescendo lentamente, já que tinha me sentido indiretamente manipulado pela senhora grisalha, que a bem da verdade não estava tão prejudicada. Queria falar e expressar o meu incômodo, mas ao mesmo tempo temia que as pessoas me vissem como uma espécie de monstro insensível, pois se tratava de uma pessoa de idade. No entanto, a maneira como os fatos tinham se dado me incomodava.

Estava a ponto de abrir a boca quando um senhor mais velho, mais corajoso do que eu, soltou um grito: "Senhora, faça fila como todos!". Ninguém se alterou, houve apenas silêncio. Uma segunda voz disse: "Estamos há quase uma hora aqui!". E assim, por contágio, um a um dos integrantes daquela interminável fila foi expressando sua insatisfação. Depois de uns instantes, a senhora que havia oferecido o lugar, já farta das queixas, protestou furiosa: "Já chega! Não é para tanto! Não veem que eu cedi o *meu* lugar!". Esta foi a gota d'água. O dilema moral estava instaurado. Na verdade, a mulher não havia cedido o *seu* lugar, *mas* o de todos. Não houve consenso, nem consultas prévias, nem troca de opiniões. Havíamos sido envolvidos num aparente ato humanitário sem o nosso consentimento. Se a "boa samaritana" tivesse sido consequente com o seu ato caridoso, deveria haver cedido de verdade o seu lugar e ter ido para o final da fila.

O que desejo ressaltar é que junto com a ira que senti, do meu ponto de vista razoável e válido, surgiu um medo inibitório que bloqueou a minha capacidade assertiva: *o medo de parecer mau ou insensível*. Durante alguns minutos, o medo da rejeição teve mais poder do que a minha indignação.

Finalmente, a idosa saltou agilmente para dentro do primeiro táxi que chegou e se foi sem dar muita importância às manifestações de repúdio por sua causa. Indubitavelmente, ela não sofria de fobia social nem estava tão incapacitada como quis aparentar.

O que nos impede de ser assertivos? Ainda que a ansiedade social talvez seja o principal obstáculo para que a conduta assertiva possa se consolidar,[36, 37] não é o único fator. As crenças irracionais e as aprendizagens ruins também podem influenciar negativamente.[38, 39] Nos próximos capítulos, insistirei nos fatores que, no meu entender, mais neutralizam a possibilidade de ser assertivo:

a. A culpa antecipada e o medo de ferir psicologicamente os outros.
b. O medo do julgamento negativo e de se comportar de maneira inapropriada.

SEGUNDA PARTE

QUANDO O DEVER CHAMA: A CULPA ANTECIPADA E O MEDO DE FERIR OS OUTROS

A CULPA E O AUTOSSACRIFÍCIO IRRACIONAL

A culpa é uma das emoções mais difíceis de entender porque envolve muitas variáveis. Foi denominada como "emoção moral",[40] "emoção existencial" [41] e "emoção cultural *moderna*" [42] (a *antiga* seria a vergonha).

Os procedimentos mais efetivos para descarregar o peso da culpa são: a confissão, a reparação real ou simbólica do dano causado, pedir perdão, desculpar-se ou a *reavaliação cognitiva,* que consiste em ponderar de maneira objetiva sobre a nossa responsabilidade *real* no acontecimento, já que às vezes somos muito autocríticos e nos damos mais peso do que temos no desfecho dos fatos.

A maioria dos estudiosos do assunto considera que há uma *culpa adaptativa* (moderada e construtiva) e uma *culpa mal-adaptativa* (excessiva, originada no medo e orientada ao autoflagelo). Por sua vez, a ausência total de culpabilidade associa-se à conduta antissocial, cuja premissa é: "Não sou responsável pelo bem-estar dos outros, nem me interessa: o mais forte deve explorar o mais fraco".

Um paciente não assertivo, depois da minha explicação sobre os fundamentos da culpa, disse: "Deixe-me ver se entendi bem: se me sinto culpado, estaria afetando a minha autoestima, e se não sinto culpa, poderia chegar a ser um antissocial. A única opção é sentir um *pouco de culpa*: ou seja, me castigar um pouco e ser quase um delinquente. Doutor, espero que não se sinta *culpado* pelo que vou dizer, mas a sua explicação está me fazendo sentir pior do que antes".

A culpa adaptativa não fica na mera reparação, também promove a preocupação pelo outro e o arrependimento verdadeiro por ter cometido um dano. Se não for assim, a reparação compensatória se transformaria num ato protocolar ausente de significado moral e afetivo.

Schopenhauer cita um caso patético em relação a como os romanos enfrentavam e "remediavam" algumas transgressões, levando exclusivamente em conta a jurisprudência da época:

> "Isto é baseado também no que conta Aulo Gélio de um tal Lucio Veracio, que se entretinha com uma brincadeira que consistia em dar, sem motivo algum, bofetadas em cidadãos romanos que encontrava pela rua. Para evitar muitas formalidades, era acompanhado de um escravo que levava um saco de moedas de cobre e se encarregava de pagar imediatamente ao assombrado pedestre a indenização legal de 25 ases."[43]

O sujeito apontado por Schopenhauer, além de não conhecer a vergonha, carece de culpa, já que reduz e simplifica a ofensa aos dividendos: *não há um sentimento que acompanhe o ato de reparação*. Todos sabemos que a indenização nem sempre desculpa o ato transgressor. Para que a conduta reparadora seja verdadeira, é preciso empatia (compaixão) e intenção beneficente: a responsabilidade psicológica implica colocar-se *efetivamente* na pele do outro. A isso se referem os que falam de uma culpa adaptativa ou sadia.

A culpa mal-adaptativa é a paixão obsessiva por ser bom. Quando o sentimento de culpa é exaltado e transforma-se num instrumento de purificação quase religioso, entramos no pantanoso terreno do masoquismo moral, uma forma de laceração psicológica especialmente destrutiva. É a via crúcis de quem aprende a sentir-se mal para sentir-se bem. O paradoxo do doce martírio.

Os pesquisadores reportaram que desde os dois anos de idade as crianças começam a demonstrar condutas reparadoras e de autopunição depois de machucar outras pessoas[44] e que, por volta dos cinco anos, quando estrutura-se o senso de identidade, a culpabilidade instala-se como um sistema estável.[45] A partir desse momento, a criança está em condições de prevenir e evitar a culpa. Não sabemos exatamente como, mas em algum estado do desenvolvimento evolutivo a mente constrói uma exigência fundamental, um imperativo moral pessoal: "Não quero ser mau".

Se as condições educativas não são propícias e os pais agem de forma errada, impondo uma disciplina orientada ao castigo e a despertar na criança uma responsabilidade extrema diante dos acontecimentos negativos, o imperativo pode se transformar em fanatismo. "Farei qualquer coisa para ser bom e não me sentir culpado. Não importa o quanto precise sofrer para conseguir isso: serei bom, custe o que custar."

Os indivíduos com alta predisposição a sentir culpa quase sempre configuram um paradigma de autossacrifício irracional, no qual de forma excessiva e desproporcional (quase sempre para evitar sentir-se culpado) procuram resolver os problemas dos outros à custa das próprias necessidades.[46, 47] A consequência dessa atitude gera ao menos três tipos de pensamentos antiassertivos:

1. "Devo evitar ferir os sentimentos dos outros, mesmo que viole os meus próprios direitos" (*superestimação da sensibilidade alheia*).
2. "Devo assumir e manter as minhas obrigações afetivas, mesmo que perca a minha individualidade" (*endividamento ou codependência emocional*).
3. "Caso defenda os meus direitos, serei egoísta e me tornarei incapaz de perdoar" (*profecia da maldade*).

Às vezes, esses três pensamentos se entrelaçam para criar um sistema central de restrição emocional e submissão crônica psicologicamente devastador: "Eu valho pouco" e "As outras pessoas valem mais do que eu". Analisemos detalhadamente cada um deles.

"Devo evitar ferir os sentimentos dos outros, mesmo que viole os meus próprios direitos"

Isabel é uma mulher solteira, com sucesso profissional, que vive com a mãe. É a única dos cinco irmãos que não se casou. É uma mulher amável, inteligente, bondosa e de grande sensibilidade social. Quando chegou ao meu consultório demonstrava uma depressão leve que não conseguia detectar com clareza. Sentia-se cansada, triste e muito preocupada: "Estou perdendo a paciência, o meu espírito de solidariedade já não é o mesmo, já não sou tão amável".

Havia coisas que antes não lhe incomodavam, mas agora sim. Por exemplo, uns dias antes, nenhum dos seus irmãos quisera acompanhar a mãe ao médico e, por causa disso, ela foi obrigada a cancelar uma reunião importante para acompanhar a senhora. Também os domingos estavam se transformando num problema, já que todos iam almoçar com ela e lhe cabia encarregar-se da comida e da recepção de mais de vinte pessoas. "Eu e minha mãe gostamos que nos visitem... O que não gosto é que sejam tão acomodados... Especialmente a minha irmã e a minha cunhada. Sentam-se para que eu as sirva, como se chegassem num hotel cinco estrelas. Minha mãe deveria se dar conta, mas eu acho que ela pensa que é minha obrigação... Já quis falar com eles, mas não sei... Não quero que a minha mãe e os meus irmãos sintam-se mal."

Isabel era o centro da família. Pelo fato de ser a mais velha e de ter uma boa posição econômica, os demais recorriam a ela com frequência, fosse para pedir um conselho, um empréstimo ou outro tipo de favor. Segundo ela, para manter a união familiar, nunca havia dito "não" a um pedido.

Um primo lhe devia dinheiro e não pagava, mesmo que trocasse de carro todos os anos e passasse as férias em lugares caros. Havia aceitado ser avalista de um empréstimo para um irmão, mas, como o negócio fracassou, ela terminou assumindo a dívida. Dois dos sobrinhos usavam o carro de Isabel com frequência e sempre o devolviam de tanque vazio, além de já terem batido com ele três vezes. Todos os que chegavam à casa, sem exceção, entravam no seu quarto e levavam roupas do seu armário sem autorização. Enfim, a atitude oportunista e egoísta podia ser vista por todos os lados.

A paciência de Isabel havia chegado ao limite e, ainda assim, embora se sentisse mal, seguia assumindo um papel passivo. O obstáculo principal que a impedia de ser assertiva e de demarcar limites era o *medo de ferir os sentimentos dos outros*. "Não quero que ninguém sofra por minha culpa", "Minha irmã iria sentir-se muito mal se eu pedisse o dinheiro ao seu marido", "Pobre mamãe, nesta idade e eu lhe trazendo problemas" e outras coisas do gênero.

Numa consulta, ela me perguntou se eu poderia fazer o favor de falar com a família e explicar a eles que não era para se aproveitarem mais dela, e eu obviamente me neguei. Os pacientes não assertivos costumam se amparar no terapeuta e, às vezes, sem má intenção. Podem utilizá-lo como um bode expiatório. Para Isabel, era melhor que a família se chateasse comigo, e não com ela.

Então lhe expliquei o seguinte: "Veja bem, Isabel. Você passou a vida tentando evitar ferir os sentimentos dos outros. Acho que chegou o momento de se perguntar se é justificado viver assim, freada e inibida todo o tempo. Eu também me pergunto se você não estará subestimando a capacidade dos seus familiares para suportar um 'não'. Serão eles tão fracos como você pensa? Além disso, se chegassem a sentir-se tão mal como você acredita devido a sua assertividade, não seria um mal necessário, como quando lhe dão uma injeção ou é preciso tomar um remédio amargo? Pense por um segundo nisto: você deixaria de se defender de um ladrão para evitar que o homem sinta-se mal por roubá-la? A primeira coisa que você deve examinar é se está sendo injusta com os outros e se realmente é *você* a responsável direta por eles sentirem-se mal. Você não estará patrocinando com o seu silêncio a atitude acomodada da sua família? Por outro lado: de onde você tirou que eles não *podem* nem *devem* se sentir mal? Por acaso são seres especiais?".

No seu gesto refletiu-se a angústia que ela sentia: "Iria desapontá-los, eles esperam muito de mim... Eu me sentiria muito mal". Eu insisti com o meu argumento: "Na verdade, você acredita que possa gerar uma mudança nos costumes da sua família de forma indolor? Você acredita de verdade que eles irão aceitar estoicamente a perda dos privilégios que você lhes deu? Mais realismo, Isabel! Eles vão protestar, vão ficar brabos, e é provável que alguns tentem manipulá-la. Você tem muito medo de sentir-se culpada, não é?". Ela concordou em silêncio.

E continuei: "Pense por um instante. A culpa adaptativa origina-se quando *realmente* se transgrediu um código ético/moral. Esse remorso é sadio. Mas qual seria a sua infração ao dizer aos seus irmãos que colaborem com o cuidado dos pais? Muito pelo contrário, você estaria lembrando as responsabilidades deles como filhos. Se você fosse assertiva com todos da sua família, poderia ensiná-los a ser mais independentes e a não usá-la como bengala. Se você os ama de verdade, e se você também se ama um pouco, deve assumir uma nova responsabilidade, a de soltá-los: a criança, para aprender a caminhar, deve cair de vez em quando".

É desnecessário dizer que, quando Isabel decidiu exercer alguns direitos e defender outros, o caos foi geral. Chegaram a pensar que ela estava doente ou tinha algum problema grave. Uma irmã deixou de cumprimentá-la, duas cunhadas deixaram de frequentar a sua casa e um sobrinho disse que ela era uma tia miserável.

Curiosamente, a única pessoa que aceitou com tranquilidade a mudança foi a mãe. Um dia, lhe falou: "Enfim se decidiu, filha. Eu pensei que você gostava que eles viessem, mas, no que me diz respeito, prefiro que a gente fique em paz aos domingos em vez de servir tantos netos, noras e genros".

Com Isabel, foram utilizadas duas fontes importantes de reflexão.

A primeira foi a leitura e a discussão de algumas das crenças humanistas de Fromm[48] que se referem à igualdade. Cito duas delas, a modo de exemplo:

> "Creio que a igualdade é sentida quando ao descobrir-se por completo reconhece-se como igual a outros e identifica-se com eles. Todo indivíduo leva a humanidade no seu interior. A condição humana é única e igual em todos os homens,

apesar das inevitáveis diferenças de inteligência, talento, estatura, cor etc."

"Creio que a igualdade entre os homens deve ser lembrada especialmente para evitar que um se transforme em instrumento do outro."

Uma maneira de vencer a culpa é ir até ela com coragem e um bom arsenal de argumentos lógicos e cognitivos. Caso consiga reestruturá-la de forma racional, ela perderá a sua força emocional negativa. Isabel deveria compreender que não era inferior a nenhum dos seus familiares.

Uma segunda fonte de reflexão foi a análise de sete perguntas que ela deveria responder a si mesma para questionar se a culpa que sentia era fundamentada ou não.

1. Estou violando algum direito alheio?
2. Estou ferindo *objetivamente* alguém por descuido ou irresponsabilidade?
3. Ao agir de forma assertiva, a minha motivação é honesta?
4. Ao agir assertivamente, a minha intenção é machucar?
5. Estou agindo impulsiva e irracionalmente?
6. Deliberei *seriamente* sobre o meu comportamento antes de agir?
7. Será que, na realidade, não é o meu comportamento que está ferindo diretamente a pessoa, mas a sua incapacidade de renunciar a um privilégio e aceitar um "não"?

Se as minhas respostas forem em ordem: NÃO, NÃO, SIM, NÃO, NÃO, SIM, SIM, tal como ocorreu com Isabel, não deveria sentir culpa, porque a minha conduta foi executada de forma consciente e séria. Não haveria uma atitude irresponsável.

Ao contrário, se algumas das respostas às perguntas assinaladas não seguiram a sequência proposta, deveria revisar o meu comportamento porque é possível que não tenha sido cuidadoso o suficiente ao elaborar a mensagem assertiva. Se eu falhar em um ou em vários dos sete pontos assinalados, o sentimento de culpa pode ser adaptativo, ou seja, justificado, conveniente e saudável (no final da segunda parte, em *Conclusões: três princípios para combater a interferência da culpa*, aprofundo esse aspecto).

Contudo, vale a pena lembrar que os abusadores, de acordo com a sua desfaçatez, ofendem-se caso alguém lhes ofereça resistência: o amo indigna-se quando o escravo rebela-se e o predador enfurece-se quando a vítima decide escapar.

Certa vez, entrei num banco para fazer um pagamento e ao sair encontrei um carro estacionado bloqueando o meu. Esperei vinte minutos pelo motorista abusivo, até que apareceu uma senhora, apressada e suada. A minha indignação era tanta que me contive para não perder o controle. De toda forma, consegui dizer com boas maneiras que a sua conduta era francamente reprovável e violava a minha liberdade de movimentação: havia me prendido sem compaixão.

A mulher abriu os olhos, cerrou os punhos e vociferou "indignada": "Mas quem o senhor pensa que é para falar comigo assim! Ninguém morre por esperar uns minutos! Idiota, mal-educado! Por acaso pensa que eu sou sua empregada?!". Nesse momento, me veio à cabeça o famoso ditado popular: "Além de ladrão, bufão".

Quando temos convicção de que o nosso comportamento é justo e bem intencionado, e temos certeza de que não pretendemos violar o direito de ninguém, o medo de ferir os outros diminui substancialmente.

"Devo assumir e manter as minhas obrigações afetivas, mesmo que perca a minha individualidade, seja explorado ou manipulado"

Essa forma de pensar costuma perpetuar um tipo de relação doentia na qual o sujeito fica aprisionado num conjunto de obrigações autoimpostas, quase sempre irracionais. Em geral, o vínculo centra-se em querer redimir alguém com problemas (por exemplo, alcoolismo, vício em drogas ou doenças crônicas), que por sua vez costuma explorar ou manipular o cuidador para obter lucros secundários à doença.[49, 50]

A pessoa que sofre de *codependência emocional* tende a submeter-se exageradamente às exigências caprichosas do "doente" para evitar que esse tenha uma recaída e, ao mesmo tempo, para não se sentir culpado.[51, 52] Não importa o custo que se tenha que pagar, o dever assumido é tomado como questão de vida ou morte, mesmo que o resultado seja a própria autodestruição.

O medo de ser "culpado por omissão" faz com que esses indivíduos tornem-se hipervigilantes em relação às reações da pessoa que "adotaram" e de quem devem cuidar. Com o tempo, como o desgaste é muito grande, a carga vai se tornando insuportável. A sensação que os sujeitos "viciados em ajudar" transmitem é a de estarem presos na maior das confusões: [53] "Se fico, me destruo, e se vou embora, a culpa ou a pena me matam".

Quase sempre os codependentes percebem a assertividade como uma opção altamente ameaçadora, que pode piorar o doente ou, pior ainda, afastá-lo. Vejamos dois casos.

Caso I: "Vai ter uma recaída por minha culpa" (as mulheres que adotam os parceiros)

Juliana é um bom exemplo de como algumas mulheres "adotam os maridos" e depois não conseguem romper o vínculo quando é necessário. A conclusão é a seguinte: *é fácil deixar um marido, mas um "filho adotado" é praticamente impossível.*

Juliana conheceu Humberto há quinze anos. Primeiro foram amigos, em seguida tiveram um namoro curto e agora são uma mistura de sócios e amantes. Desde aquela época, devido ao fato de que Humberto é farmacodependente, ela cuida dele e o aconselha, e mesmo que o seu consumo esteja relativamente controlado, de vez em quando recai por alguns dias e logo volta a levantar a cabeça. Ambos são sócios em uma farmácia que ela administra e dirige, e da qual ele usufrui.

Humberto é um homem imaturo, mulherengo, preguiçoso e violento. Costuma tratá-la de forma descortês e ofendê-la, além de exigir que trabalhe muitas horas a mais do que ele na farmácia. Ela acostumou-se com a crítica inclemente e justifica o comportamento agressivo de Humberto com a sua doença e a carência afetiva sofrida na infância. "Tenho muita pena dele, o pai o abandonou quando era apenas uma criança, e a mãe nunca se preocupou com ele." O instinto maternal direcionado a um adulto pode causar desastres.

Juliana nunca se defende nem diz o que pensa por medo que ele se enfureça. Por exemplo, quando é maltratada, desculpa-se para tranquilizá-lo, ou concorda com as solicitações sexuais de Humberto, mesmo que não as deseje, somente para vê-lo calmo. Juliana diz que o ama profundamente e que esse amor a leva a ser muito ciumenta. Quando tem suspeitas, o persegue, o vigia e trata de mantê-lo afastado das "más companhias".

O motivo da sua consulta foi o seguinte: "Ele não me quer mais, já não faz sentido que eu fique mendigando afeto. Tenho que aprender a me desprender dele... Mas é muito difícil... Já não sei se sinto amor ou pena. Tentei me afastar algumas vezes, mas a culpa me impede, me dói quando ele está mal. Sinto-me responsável por ele... Pensei em deixar a farmácia, mas estou apegada ao lugar... Investi muito tempo e esforço para estruturar o negócio... Estou tão cansada...".

O dilema tinha dois lados. Por um, a briga entre razão/emoção ("Devo deixá-lo, mas o afeto não me permite") e, por outro, a luta entre a responsabilidade assumida e a culpa antecipada ("Quero deixá-lo, mas não devo fazer isso").

Quando Juliana recebeu as primeiras instruções sobre a assertividade, compreendeu a sua importância, mas também sentiu medo. Estava claro que, se começasse a defender os seus direitos, Humberto tentaria se afastar. Os homens-criança que são amparados por uma mulher-mãe não resistem à independência da sua protetora, ofendem-se e esperneiam. Além disso, se não obtêm o benefício esperado, afastam-se em busca de outra mãe substituta mais devotada. Juliana estava consciente de que a assertividade poderia gerar uma ruptura definitiva. Como já disse, uma parte sua queria tentar e outra não.

Na primeira tentativa de assertividade, que consistiu em exigir de Humberto um tempo igual de trabalho, ele respondeu que *por culpa dela* iria ter uma recaída e que ela o estava empurrando para as drogas. Juliana ficou aterrorizada e esteve a ponto de desistir. Chegou à consulta extremamente angustiada. "Eu sabia! Eu sabia que isso ia acontecer! Ele vai ter uma recaída!"

Para tranquilizá-la, tentei dar a sua culpa antecipada um enquadramento lógico e racional. Alguns argumentos aristotélicos me ajudaram:[54] "Escute, Juliana, você somente deve sentir culpa quando for *injusta*, e só se é injusto quando há intenção, má intenção. Se você não tiver um propósito explícito de ferir alguém, pode-se falar de *infortúnio (azar)* ou de *erro involuntário*, mas não de responsabilidade culposa. Se você realmente fosse culpada pelo consumo dele, simplesmente por expressar uma discordância de forma assertiva, como explica que a maioria das recaídas anteriores, para não dizer todas, ocorreu quando você agiu de forma especialmente amável e querida com ele?".

Ela não respondeu e limitou-se a erguer os ombros. Eu retomei o argumento. "Parece, então, que há outras causas diferentes de você que determinam a conduta dependente de Humberto: por exemplo, a baixa tolerância à frustração, a falta de autocontrole, a preguiça, o ambiente que ele frequenta, a personalidade dele e assim por diante. Acho que você está superestimando a sua responsabilidade e relevando a dele. Pelo amor de Deus, não estamos falando de uma criança indefesa!"

Depois de algumas sessões, ela decidiu seguir com a defesa dos seus direitos e negou-se a ter relações sexuais. Como isso nunca havia acontecido antes, Humberto desferiu um golpe baixo: saiu com uma amiga na sua frente. A mensagem era muito dolorosa e muito clara: "Se você não ceder, outra o fará". Juliana teve uma crise de ciúmes que conseguiu superar rapidamente.

Seguindo o programa e tentando agir de acordo com a ideia de se independentizar e exercer o direito "a não pensar nele 24 horas do dia", deixou de telefonar num fim de semana. Foi a primeira vez em muitos anos que se despreocupou realmente de Humberto. Ele reagiu desaparecendo por seis dias. Mesmo com altos e baixos, Juliana suportou bastante bem a sua ausência. Finalmente, o homem apareceu furioso e agressivo, mas Juliana se defendeu assertivamente, exigiu respeito e negou-se a seguir escutando.

Quando as coisas pareciam melhorar, ele deu a sua melhor cartada: teve uma forte recaída. Um dia, às duas da madrugada, a mãe de Humberto telefonou para Juliana de uma emergência de hospital suplicando que "salvasse" o seu filho, que não fazia outra coisa senão perguntar por ela. Foi muita pressão. Em pouco tempo,

Juliana renunciou ao tratamento e a todo o trabalho psicológico realizado até aquele momento e foi ficar com o traste. A chantagem emocional foi mais forte.

Nesses casos complexos de adições duplas, as soluções não podem ser intermediárias: ou Juliana se liberava da codependência por meio da assertividade e de outras estratégias ou seguia atada a um homem que a destruía lentamente. Não havia meio termo, e ela escolheu o caminho do sacrifício irracional.

Caso II: "A sua filha não é mais importante do que você"

Nessas relações de codependência, parece que o princípio da sobrevivência e da preservação do ser deixou de funcionar. Isso pode ser observado de forma mais crua e dramática nos vínculos afetivos consanguíneos.

Lembro o caso de uma mulher idosa cuja filha de 24 anos havia feito duas tentativas de suicídio. O vínculo dessa mulher com a filha era absolutamente exigente e simbiótico. A "filhinha", como ela dizia, a insultava, lhe batia, lhe atirava comida no rosto quando não gostava, se trancava no quarto e não respondia os chamados desesperados da mãe, que temia por sua segurança. Certa vez, viram-se obrigados a arrombar a porta e a encontraram com os fones de ouvido escutando música com um sorriso malicioso. A jovem comportava-se como se a mãe fosse a responsável direta por sua depressão.

Devido ao estresse cotidiano, a senhora havia desenvolvido uma síndrome de fadiga crônica, alterações gastrointestinais e uma alergia de origem psicossomática.

A filha tinha se transformado num peso. Quanto mais tentava amá-la, mais castigo recebia dela sem ser capaz de contrariá-la, por medo que ela se matasse. Estava em um beco sem saída.

Quando a vida dos implicados pode correr algum risco, o uso da assertividade deve ser prescrito com cuidado. Nesse caso, mesmo que existisse um perigo real de que a jovem pudesse atentar contra a própria vida, a opinião do psiquiatra que a tratava foi favorável ao tratamento assertivo, portanto decidimos trabalhar em equipe.

Além das alterações já assinaladas, a senhora demonstrava um bloqueio cognitivo que dificultava bastante a aplicação da assertividade: *o espírito de sacrifício*. Era extremamente religiosa e a tinham educado com a ideia de que devia se entregar incondicionalmente aos seus deveres e não esperar nada em troca, nem sequer respeito.

Reproduzo uma das nossas conversas na qual o tema central foi a controvérsia autoestima versus amor pelos outros:

"Você me disse que acredita em Deus e que é muito católica. Eu me pergunto como concilia a sua fé com a ideia de não amar a si mesma. Um dos mandamentos de Deus, da natureza ou como quiser chamar, é que precisamos cuidar de nós mesmos e viver dignamente, fazer-nos merecedores da vida que possuímos. Se você não se ama, não pode se entregar com tranquilidade porque, conscientemente ou inconscientemente, acreditará que está entregando algo que não vale a pena. Responda com franqueza, no essencial, frente a Deus:

Você acha que a sua filha é *intrinsecamente* mais valiosa, como ser vivo, do que você?"

Ela sentiu-se aturdida. Tentou responder, mas logo se arrependeu. Eu captei a sua dúvida imediatamente e tentei equilibrar a balança. "Aceitar que você é tão valiosa quanto a sua filha não significa que ela perca os seus méritos e que você deva ter mais direitos, mas que ambas são, ao menos, iguais perante Deus. O que quero dizer é que a tendência natural de cada ser vivo é conservar a si mesmo, psicológica e fisicamente, esse é o mandamento e você parece não cumprir. Juntamente com a sua obrigação como mãe está também a responsabilidade de desenvolver o seu potencial como mulher: esse é o sentido que você não pode nem deve perder. Se você decidisse sacrificar a sua vida por alguém ou algo, motivada por uma convicção profunda, altruísta e transcendente, se sentiria feliz e realizada: seria maravilhoso. No entanto, agora está sofrendo. Não a vejo realizada e feliz. O psiquiatra que cuida do caso da sua filha lhe disse que a doença não explica, e menos ainda justifica, o tratamento que ela dá a você. Se é assim, você não deveria colocar um limite nos maus-tratos? Ou acha que ela tem o direito de agredi-la? Aceite, você está enredada: quanto mais quer sair, mais afunda. Quanto mais quer ajudar a sua filha, menos consegue, porque a verdadeira ajuda, neste caso, depende que ela queria se deixar ajudar. Você deve retirar-se um pouco, desobrigar-se no bom sentido, estrategicamente, para que a sua filha amadureça. Mas você sabe bem que se afastar implica correr riscos."

Depois de várias sessões, ela teve condições de começar a ser assertiva com a filha. Estruturou-se um plano de *aproximações sucessivas*, começando pelas condutas menos ameaçadoras. Por meio de uma técnica chamada de *jogo de papéis* ela exercitou-se e preparou-se para responder aos possíveis contra-ataques e manipulações por parte da garota. As autoverbalizações positivas que a minha paciente deveria empregar eram: "Eu valho muito e não mereço ser maltratada por *ninguém* no mundo", "É um risco que preciso correr para que ela melhore", "Se eu for submissa, não somente estarei prejudicando ela, como a mim mesma". Também tratamos do assunto de uma possível separação. Às vezes, os pais também devem se afastar dos filhos e vice-versa. Quando a integridade ou a segurança de algum deles está em jogo, o distanciamento transitório ou definitivo pode ser uma solução muito boa.

A relação conseguiu se equilibrar lentamente. Ao ver que a mãe já não era tão frágil e manipulável como havia pensado, a jovem não teve outro remédio senão negociar e aceitar que os pais não eram um prolongamento do seu ser, nem ela, o centro do universo.

Por que pensamos que não temos o devido valor? Quando depreciamos a nós mesmos, nos opomos ao mandamento fundamental da existência. Viver segundo a natureza é exaltar a nossa condição humana. Diversos filósofos, como Cícero[55] e Espinosa[56], argumentaram que o ódio a si mesmo, o desprezo pelo que somos, é antinatural porque *atenta contra o princípio universal de preservar o ser acima de todas as coisas.*

A minha paciente somente pôde ser assertiva quando entendeu no seu íntimo que, independentemente dos filhos e do marido, era valiosa por si. Somente assim pôde passar por cima da culpa, deixar de ferir a si mesma e ajudar a filha com dignidade.

"Caso defenda os meus direitos, serei egoísta e me tornarei incapaz de perdoar"

Duas das perguntas típicas das pessoas que querem aprender a ser assertivas, mas que temem se exceder e sair das normas, são: vou me tornar um egoísta? Terminarei me transformando numa pessoa fria e incapaz de perdoar?

O treinamento assertivo não é um treinamento em insensibilidade. A arte de processar e expressar os sentimentos negativos em nada tem a ver com a atitude voraz do predador. Temos tanto medo de sermos "maus" que preferimos ser "boas vítimas", doentes formais, mártires felizes, antes de correr o risco de errarmos.

Egoísmo versus assertividade

Em relação ao egoísmo, o indivíduo assertivo exerce o *direito de decidir quem irá ajudar e quem não*. Sem cair na indiferença mesquinha e generalizada, reserva-se o direito de admissão. Não se sente obrigado por lei, mas age por convicção.

A minha experiência clínica me ensinou que é muito pouco provável que depois de um bom treinamento assertivo as pessoas desenvolvam um padrão egoísta. Como já mencionei, ocorre justamente o contrário. Por princípio, a assertividade afasta-se da ambição desmedida, do monopólio e da cobiça.

Segundo um conhecido dicionário, *egoísmo* é definido como "amor imoderado e excessivo que uma pessoa tem por si mesma e que a faz atender desmedidamente o seu próprio interesse". Analisemos a definição com maior detalhamento.

Uma pessoa que *atende desmedidamente os seus próprios interesses* sofre de egocentrismo. "Sou o centro do universo." O indivíduo egocêntrico inevitavelmente deixa de fora os demais, coisa que não ocorre com a assertividade. A premissa que determina o comportamento assertivo é: "Atenda o próprio interesse sem esquecer o interesse alheio".

O *imoderado* e *excessivo* amor que uma pessoa tem por si mesma faz referência à egolatria, o que se conhece como narcisismo ou culto ao ego. O assertivo não diz "Sou mais do que você", mas sim "Sou, pelo menos, igual a você".

O autorrespeito não é incompatível com o respeito por nossos semelhantes. A cultura criou um estereótipo negativo em relação ao autocuidado psicológico, por medo que a vaidade prospere. Inventou uma incompatibilidade inexistente entre o amor-próprio e o amor ao próximo, de tal forma que se preocupar demais com si mesmo é quase um ato de mau gosto. No entanto, felizmente para a saúde mental, parece que a semente da autoestima está contida inclusive nos atos mais altruístas. Gostem ou não os fanáticos do autossacrifício: *tenho que me amar para amar*.

Liliana era uma jovem de dezessete anos que sempre havia agradado aos pais, aos irmãos e às amigas. Era considerada como uma jovem modelo, servil e amável. A ideia que Liliana tinha sobre as relações humanas era que *devíamos estar sempre dispostos a ajudar os outros* e que essa ajuda *deveria ser sempre incondicional*. Coerente com essa posição, resistia sistematicamente a dizer "não" porque considerava que negar um pedido sem *justa causa* era um ato de egoísmo e desconsideração com as necessidades alheias. Obviamente, para ela nunca havia a *justa causa*. Liliana era vítima de uma fobia curiosa, muito comum entre as pessoas não assertivas: *tinha medo de ser egoísta*.

Na prática, essa atitude a tinha levado a suportar pacientemente os abusos das suas colegas e, em especial, da sua melhor amiga, que pedia suas roupas emprestadas e não devolvia a tempo, ficava com os seus discos ou a deixava esperando sempre que marcavam de se encontrar. O ápice ocorreu quando ela ficou com o namorado de Liliana em uma festa, na frente de todos (a desculpa foi que havia bebido demais). Mas Liliana, apesar de triste e magoada, defendia a amiga e a desculpava por cada um dos seus comportamentos abusivos.

Mesmo tendo mostrado uma rejeição inicial ao assunto da assertividade, a ideia de equilibrar deveres e direitos lhe pareceu interessante. A minha argumentação foi a seguinte: "Se a sua amiga pode ficar com as suas coisas indevidamente, sem nenhum tipo de razão ou justificativa (espero que concordemos quanto ao caráter de 'indevido'), quer dizer que ela *tem o direito de* expropriação e você tem *o dever* de se deixar explorar.

Há algo que não se encaixa, não é? A sua amiga não tem o direito de mentir para você, de enganá-la, de ficar com as suas coisas e de usá-la, portanto você tem o direito de se defender e impor limites".

Depois de pensar por alguns segundos no que eu havia dito, perguntou: "E como sei que não vou me tornar egoísta ao ser assertiva?".

A minha resposta não tardou a chegar: "Eu acho que, por mais que você tente, não poderia cair no egoísmo, não conseguiria porque não está em você monopolizar, se aproveitar, explorar ou se despreocupar com os outros. Não é a sua essência. O medo de ser egoísta levou você ao extremo da submissão. Mas se você só pensa em dar, esquecendo que é tão merecedora como doadora, vai acostumar mal as pessoas que ama. Eu sei que há pessoas no mundo que fazem da vida uma missão espiritual de entrega total, mas esse é um tipo de amor diferente ao de carne e osso, ao amor praticado pelas pessoas comuns, como você e eu. Eu me pergunto o quanto você terá contribuído com a sua atitude permissiva para que a sua amiga seja assim. Não acha que de alguma forma você foi vítima da sua própria invenção? Analise racionalmente, coloque a cabeça para funcionar, decida por você mesma e não pelo medo de ser uma 'má amiga'".

Liliana revisou prudentemente o seu esquema de subjugação e de entrega desmedida e com a ajuda adicional de um amigo sacerdote compreendeu que a defesa dos direitos não briga com o amor aos outros nem com o cristianismo que ela professa.

Seguindo as premissas da *ética da consideração*, a assertividade bem entendida equilibra o *eu autônomo* (independente) com o *eu considerado* (interpessoal). A combinação de ambos me permite estar comprometido com a rede social/afetiva a que pertenço e sustentar ao mesmo tempo um território de reserva pessoal.

Laín Entralgo[57] refere-se ao momento *coafetivo* da relação interpessoal, que é determinado por dois aspectos afetivos fundamentais, sem os quais não pode existir nenhuma relação:

a. A *compaixão* (padecer intimamente com o outro as suas vivências dolorosas).
b. A *congratulação* (gozar intimamente com o outro as vivências prazerosas).

Em conclusão: quando os direitos assertivos mantêm-se racionalmente amarrados aos deveres e, além disso, estão tingidos de compaixão e congratulação, é muito difícil exceder-se e ser egoísta.

Perdão versus assertividade

A assertividade e o perdão podem produzir diferentes variações. Pode haver pessoas submissas e prudentes, altamente rancorosas e incapazes de perdoar; ou indivíduos muito agressivos que não guardam ressentimento. Não há um padrão definido.

O ponto central é que o assertivo, ao não armazenar tantos sentimentos negativos, já que os expressa oportuna e adequadamente, tem menos material negativo para processar, menos ajustes a realizar e menos motivos para sentir rancor.

O perdão é um presente que se dá aos demais e a si mesmo com o fim de aliviar a carga de ressentimento ou de culpa: é um descanso merecido para o coração. Então, cabe a pergunta: por que o assertivo deveria se eximir de semelhante autorreforço? Posso expressar a você a minha insatisfação ou apontar alguma conduta que me incomodou, posso fazer isso sem julgá-lo nem agredi-lo e, ainda mais, posso fazer isso sem rancor e com a profunda convicção de que, se for preciso perdoar, farei o maior dos meus esforços.

A conduta assertiva ajuda a fomentar uma atitude antirrancor em dois sentidos:

a. Diminui a probabilidade de que os sentimentos negativos se depositem na mente, ou seja, os expulsa antes que se consolidem.
b. Se o material emocional nocivo já está armazenado, encurta o tempo de processamento na memória e consegue fazer um ajuste mais rápido e construtivo.

Conclusões:
Três princípios para combater a interferência da culpa irracional

O medo de exceder-se com a assertividade e de ferir psicologicamente os outros costuma ser uma das interferências mais significativas na aprendizagem assertiva. O choque interior costuma ser duro. Por um lado, está a necessidade de autoafirmação e, por outro, o impedimento que marca as crenças sobre o que é certo e o que é errado, o que *se deve* e o que *não se deve* fazer, o medo de ser socialmente negligente.

Muitos indivíduos não assertivos demonstram padrões exagerados de autoexigência que os levam a confundir direitos com deveres e a sacrificar-se de forma desnecessária, às vezes de maneira cruel, tudo para não transgredir a sua norma. Os sujeitos perfeccionistas, moralistas e psicorrígidos costumam ser muito autocríticos e com uma pronunciada tendência a sentirem-se culpados por qualquer coisa.

Como equilibrar, então, a sensação de que sou socialmente egoísta com a necessidade urgente de não me deixar explorar e/ou manipular?

De acordo com a minha experiência, para que a assertividade não gere esta mistura fulminante entre culpa e medo, os indivíduos que tentam ser assertivos devem aprofundar-se e refletir sobre três princípios fundamentais: tolerância, prudência e responsabilidade.

A maioria das pessoas com predisposição a sentir culpa por não se exceder está no outro extremo. Assim, a tolerância torna-se *ilimitada*, a prudência transforma-se em *silêncio absoluto* e a responsabilidade vira *obsessão*. O remédio termina sendo pior que a doença. O objetivo da seguinte análise é deslocar o fiel da balança até um meio-termo.

O princípio da tolerância limitada

É preciso tolerar tudo? Deveria-se tolerar o estupro ou o assassinato? O que faríamos se víssemos um homem batendo no filho pequeno diante de nós? Toleraríamos? Devemos tolerar o abandono infantil, os genocídios, as trapaças ou os maus-tratos?

Muitos autores defendem que a tolerância universal e indiscriminada seria condenável moralmente porque ignoraríamos as vítimas e seríamos indiferentes à dor humana. Karl Popper, citado por Sponville,[58] fala do *paradoxo da tolerância*:

> "Se formos absolutamente tolerantes, inclusive com os intolerantes, e não defendermos a sociedade tolerante contra os seus assaltos, os tolerantes serão aniquilados e junto com eles a tolerância."

Na nossa vida diária ocorre o mesmo: a tolerância generalizada termina produzindo a síndrome da vítima permanente: "As pessoas sempre se aproveitam de mim".

É claro que a tolerância deve ser limitada. Mas qual é esse limite? Para Sponville, o que deve determinar o limite é a *periculosidade real, efetiva, que um evento ou pessoa tenha para a nossa liberdade.*

Ou seja, devemos reagir diante de qualquer ação que afete a nossa capacidade de expressar o que sentimos e pensamos. O critério estaria determinado pela seguinte pergunta: é perigoso para a minha integridade física e psicológica ser tolerante nesta situação?

Na linguagem cotidiana, quando dizemos que toleramos alguém, o que estamos afirmando é que o "suportamos", que aguentamos a sua maneira de ser ou a sua maneira de pensar. Mas a tolerância bem entendida, mais do que *suportar*, refere-se a *respeitar*. Tolerar não é suportar o outro como uma carga, mas aceitar e proteger o direito à diferença. Mas o que acontece quando a pretendida diferença está sustentada pelo fanatismo, o sectarismo ou a irracionalidade? Por exemplo, a Ku Klux Klan é um grupo dissidente: devemos tolerá-la?

A tolerância é uma virtude, mas, sem os limites que definem a dignidade pessoal, transforma-se em rendição, dependência humilhante, aniquilação do "eu". Assim como nos indignamos diante da injustiça alheia, também temos a obrigação moral de indignar-nos quando os nossos direitos pessoais ficam vulneráveis. Por isso, não tolerar os abusivos é uma forma de respeitar a si mesmo, é exercer o *direito à resistência* e não se deixar enganar pelo culto ao sofrimento. Ninguém é obrigado a subjugar-se.

O assertivo é tolerante, a menos que os seus preceitos pessoais sejam atingidos: a sua intenção é equiparar os direitos e os deveres. O agressivo é intolerante e autocrático: superestima os próprios direitos e subestima os direitos alheios. O submisso pratica uma tolerância excessiva e indiscriminada e, querendo fazer o bem, fere a si mesmo de forma irresponsável: subestima os próprios direitos e amplia os seus deveres.

O princípio da prudência e a deliberação consciente

Se não praticarmos a prudência, é impossível ser assertivo. A prudência baixa os nossos impulsos e nos obriga a pensar antes de agir. Não é que se tenha que pensar todo o tempo e fazer da racionalização um vício (há vezes nas quais a prudência é um verdadeiro estorvo, por exemplo, quando fazemos amor freneticamente com a pessoa amada), mas devemos reconhecer que "é prudente ser prudente". A prudência obriga-nos a deliberar conosco mesmos, ela governa os nossos desejos e suaviza os nossos impulsos.

Epicuro fala da importância da comparação e do exame das vantagens e desvantagens, uma técnica muito utilizada atualmente em psicologia cognitiva:

> "Todo prazer é uma coisa boa, mas nem todo prazer deve ser perseguido; e, paralelamente, toda dor é um mal, mas nem toda dor deve ser evitada a qualquer preço. Em todo caso, é conveniente decidir sobre essas questões comparando e examinando atentamente o que é útil e o que não é, porque

às vezes usamos um bem como se fosse um mal, e um mal como se fosse um bem."[59]

Aristóteles, não tão epicurista, chamou a prudência de uma *virtude intelectual* porque ela nos faz agir inteligentemente e refletir sobre o que deve ser escolhido ou evitado.

A prudência é futuro, prevenção, antecipação responsável, desejo refletido. É projetada para avaliar o *antes* para que não tenhamos que nos arrepender *depois*. Não é um freio de emergência asfixiante, mas autorregulação, juízo e lucidez orientada a não ferir nem se ferir. Kant dizia: "A prudência aconselha, a moral ordena". Uma assertividade sem prudência, cedo ou tarde, transforma-se em agressão.

A prudência torna menos provável que, ao defender-nos, ataquemos à mancheia. É o melhor antídoto contra a culpa antecipada, porque não somente nos exime dos erros por omissão, mas nos torna mais adequados na hora de agir.

O princípio da responsabilidade interpessoal

Não podemos ser assertivos sem uma ética da responsabilidade, ou seja, *sem que as nossas deliberações incluam os direitos dos outros*. A premissa que move toda pessoa assertiva é defender-se *tentando causar o menor estrago possível* ou, se puder, nenhum. Devemos evitar todo dano desnecessário ao defender-nos ou ao exercer um direito.

Mas ser responsável não é se comportar de acordo com a disposição exageradamente complacente do não assertivo. "Se eu provocar algum dano, melhor não agir", porque, tal como vimos, os que ultrajam e humilham sempre se "sentem mal" quando não podem seguir abusando da sua vítima. Além disso, como a sinceridade não é um valor muito cultivado em nossa cultura, não é de se estranhar que a assertividade produza às vezes incômodo e irritação nos receptores.

Max Weber[60] defendia a "ética da responsabilidade" sobre a "ética das convicções". A filosofia assertiva une as duas. Uma pessoa assertiva age com *convicção responsável*, defende o que quer, mas não esquece o seu interlocutor.

Se em nós não há má intenção e agimos assertivamente e com a consciência de tentar causar o menor dano possível, onde fica a culpa antecipada? Em que fundamentamos o medo de ferir irresponsavelmente os outros?

TERCEIRA PARTE

A ANSIEDADE SOCIAL: O MEDO DA AVALIAÇÃO NEGATIVA E DE SE COMPORTAR DE FORMA INAPROPRIADA

O "eu" e os "outros"

Quando estamos diante de outro ser humano, a nossa atenção concentra-se em dois aspectos: o que *eu* faço e o que o *outro* faz. Avaliação e autoavaliação, olhar e se olhar, observar e se auto-observar, dois processos inseparáveis que definem toda relação social.[61]

Um paciente tímido, com problemas de autoestima, me dizia que as duas avaliações nunca coincidiam: "Há dias em que me sinto bem comigo, me sinto maior, mais importante, meu ego se infla... Mas quase sempre ocorre alguma coisa negativa no meu meio social que me tira o chão: uma crítica, um comentário mordaz sobre a minha aparência ou forma de ser, alguém que não me cumprimenta, enfim, sempre acontece alguma coisa. Outras vezes, levanto com um eu miserável, me sinto como uma barata, tenho vergonha de quem sou... E nesse dia, justamente nesse dia, chegam os reforços, os afagos, os comentários positivos. A verdade é que estou farto: como faço para que o mundo coincida comigo?".

Há somente uma resposta possível à questão do meu atribulado paciente: mantenha o "eu" pra cima todo o tempo, independentemente do que o meio faça ou diga, e só assim ambas as visões coincidirão.

Eu e os outros, os outros e eu, autopercepção e percepção: a dupla face da nossa mente tentando identificar a si mesma. Uma identidade móvel que nunca se completa, que jamais se encaixa totalmente, mas que pode se manter tão alta como quisermos.

Dessas operações mentais surge o modo como nos relacionamos com as pessoas. Se nos sentimos seguros conosco mesmos (*avaliação do "eu"*) e percebemos as pessoas significativas que nos rodeiam como amigáveis e não ameaçadoras (*avaliação dos "outros"*), nos sentiremos à vontade, espontâneos, tranquilos diante dos outros: o medo da avaliação negativa será mínimo ou nulo.

Mas se saímos prejudicados em qualquer das avaliações, o equilíbrio altera-se, o medo transforma-se em problema e é provável que a fobia social ou o transtorno de ansiedade social apareça.[62] Sentimo-nos rejeitados, tensos e incapazes de agir com liberdade.

O predomínio da fobia social (ou seja, a frequência com a qual a doença aparece num grupo de uma região determinada) oscila entre 3% e 13%.[63] Ou seja, numa população de dois milhões de habitantes haverá em torno de duzentas mil pessoas com problemas de ansiedade social! Uma verdadeira urbe de indivíduos angustiados, incapazes de resolver o seu dilema fundamental: *quero e preciso das pessoas, mas me assusta o que elas podem pensar de mim*. Se me afasto, me deprimo, e se me aproximo, o medo me imobiliza.

Como se pode deduzir, se uma pessoa teme passar vergonha, bancar a boba ou agir de forma inapropriada, a assertividade transforma-se no pior dos seus inimigos porque a expressão de sentimentos a desnudaria, a mostraria tal qual é e traria à luz a sua vulnerabilidade: já não poderia se esconder e fugir do escárnio público, real ou imaginado. A maioria das pessoas socialmente ansiosas mostra uma ambivalência pronunciada diante da possibilidade de ser assertiva: elas gostam da ideia, mas não lhes agrada se expor.

Cabe lembrar que os ansiosos sociais são camaleões, gênios do disfarce e das máscaras. Uma paciente especialista em passar despercebida dizia: "Como você tem coragem de me propor isso de ser assertiva? Parece que não entendeu o meu caso! Se eu me mostrar como sou, irão ver como sou! Meu Deus, que vergonha! Não deixe a minha vida ainda mais complicada... Veja bem, quero ser menos ansiosa com as pessoas, mas sem me mostrar, estando escondida, entende? Tanta honestidade e espontaneidade me deixam arrepiada... Não, definitivamente, nada de assertividade... Não há alguma forma de hipocrisia saudável ou desonestidade positiva que possa me ajudar?".

O rosto alheio nos define e nos regra em algum sentido. O olhar do outro é a origem da avaliação interpessoal e, provavelmente, como dizia o psicanalista Erikson, o início de uma emoção tanto ou mais perturbadora que a culpa, uma emoção mais destruidora, antiga, muito difícil de erradicar e quase arquetípica: *a vergonha*.

Para muitos autores, o medo da avaliação negativa ou de projetar uma má imagem social está intimamente ligado à vergonha,[64] tanto é assim que alguns a consideram uma "emoção social",[65] parente próxima da culpa.

Nas páginas seguintes veremos como a ansiedade social pode interferir no comportamento assertivo e bloqueá-lo. Mesmo que o medo interpessoal possa se manifestar de muitas formas, assinalarei os fatores mais relevantes:

1. A vergonha de si mesmo.
2. O medo de passar uma má impressão e a necessidade de aprovação.
3. O medo de se sentir ansioso e de se comportar de forma inapropriada.
4. O medo das figuras de autoridade.

A vergonha de si mesmo

Todos, em algum momento da nossa vida, experimentamos a vergonha. Quem não cometeu alguma vez erros ou equívocos em público, gerando graça e olhares jocosos? Quem não sentiu esta mistura de pesar e alívio ("vergonha alheia") por não estar (graças a Deus!) na pele de quem passou vexame ou cometeu a maior das bobagens?

A expressão "Queria que um buraco se abrisse sob os meus pés" possui o encanto da sabedoria popular. É um fato fácil de comprovar que a vergonha causa, assim como a ansiedade, um forte impulso de sair da situação. Mas enquanto na ansiedade a fuga tem um caráter *antecipatório* e preventivo, no ato vexatório a retirada se apresenta diante de um fato real que já ocorreu: já "metemos os pés pelas mãos", não podemos voltar atrás, e só o que resta é fugir, ou melhor, desaparecer magicamente "ao estilo Harry Potter". A sensação produzida pela vergonha é pouco menos que insuportável. A vida deveria nos dar ao menos uma segunda chance e ter uma função de "desfazer", como a ferramenta do programa Word, para voltar ao passado imediato e consertar o erro ou a bobagem.

A VERGONHA PÚBLICA (EXTERNA) VERSUS A VERGONHA PRIVADA (INTERNA)

A vergonha pública (diante dos outros) é considerada por alguns autores como menos prejudicial do que a vergonha privada (diante de si mesmo), porque podemos desativá-la escapando da situação, enquanto a privada, ao carregá-la nos ombros todo o tempo, termina se transformando num mal-estar crônico. Entretanto, se a situação gerada pela vergonha externa (pública) é forte e sustentada, a experiência pode ser tão ou mais nociva que a vergonha interna (privada).

Um dos meus pacientes depressivos havia sofrido de enurese diurna na infância (falta de controle sobre a bexiga). Durante mais de um ano, os professores e colegas de aula o evitaram devido aos seus problemas e gozavam dele porque cheirava a urina. O apelido que lhe deram foi "Vicente, *pipi* quente" e costumavam cantar o apelido em coro no recreio. É desnecessário dizer que semelhante situação produziu uma quantidade de alterações psicológicas muito graves e que ainda estão sendo tratadas.

Mas a vergonha que me interessa abordar é aquela que tem a ver com a *autocondenação* e a *desvalorização do eu*. Esta *vergonha privada* é especialmente destrutiva porque não se refere à maneira de se comportar, mas ataca diretamente e por completo a essência pessoal. O argumento não enfatiza o verbo, mas o sujeito: "Não *fiz* uma coisa ridícula, mas eu *sou* ridículo". O que se ataca é a própria identidade,[66] a estrutura central do "eu".

Esta vergonha essencial costuma ser determinada por dois esquemas de inadaptação precoces: *Deficiência física ou psicológica* e/ou *indesejabilidade social*.[67] O indivíduo sente-se inerentemente inapropriado, mau, desagradável, pouco interessante, desprezível, incapaz, fraudulento ou ridículo. A trama principal que define esse tipo de vergonha é o sentimento de não ser digno por não alcançar os ideais do eu: *sentir-se envergonhado de si mesmo é sentir-se indigno.*

Pedro era um jovem de 22 anos que não havia sido capaz de aceitar a sua homossexualidade. Integrava de forma ativa uma comunidade religiosa ortodoxa na qual, por razões óbvias, havia ocultado a sua preferência sexual. A sensação que permanentemente o acompanhava era a de estar "marcado" e, mesmo depois de confessar o seu problema a um assessor espiritual, sentiu que a culpa havia amenizado, mas o sentimento de vergonha seguia igual. A ideia de não se sentir digno de Deus e não poder "se salvar" o obcecava. Certa vez, participou de um retiro espiritual de final de semana no qual cada paroquiano era submetido a um escrutínio público para ver se poderiam passar para um estágio superior de purificação. A surpresa foi enorme quando o seu grande segredo, o motivo da sua desonra, se tornou oficial. Segundo o diretor do grupo, Pedro havia mostrado uma "fraqueza carnal pecaminosa" e, por isso, seria relegado, expulso do grupo até nova ordem. A partir desse dia, Pedro confirmou a sua suspeita: não era digno de entrar no céu nem de pertencer à confraria dos que estavam a um passo do paraíso, já que sofria de um defeito inato essencial. Da última vez que soube dele, ainda tentava ser aceito na congregação.

Em outro caso, um médico de uns sessenta anos não podia esquecer que havia colado nos exames da faculdade. Quase quarenta anos depois, ainda o atormentava a ideia de ter sido desonesto. Apesar de ser um bom homem e um excelente médico, sensível e eficiente, a experiência fraudulenta o havia marcado tão profundamente que nada parecia redimi-lo. Mais que culpa, sentia vergonha por haver traído a si mesmo, por ser uma fraude. Havia se transformado no seu próprio juiz implacável, que o lembrava constantemente de que *não havia estado à altura dos ideais* que tanto apregoava.

Esconder-se ou atacar

Como já disse, a preocupação principal das pessoas que têm vergonha de si mesmas é a de manterem-se escondidas do resto do mundo. A sua crença é assim: "Se alguém me conhecesse de verdade, certamente iria sentir-se enganado: o meu mundo interior é horrível".

A estratégia preferida para suportar a carga de um ego ferido de morte é a de se esquivar, recolher-se ao anonimato e esconder a vida interior. Em geral, não fornecem informação sobre si e tampouco perguntam demais para não dar intimidade para que se intrometam em seu território. Essa forma doentia de "sobreviver" é conhecida em psicologia como *Transtorno da personalidade por evitação*.[68]

No entanto, quando essas pessoas se encontram entre a cruz e a espada e não têm mais remédio senão deixar vir à tona o motivo da sua vergonha, a conduta de evitação é substituída pela *agressividade defensiva*.[69]

As pessoas tímidas costumam dar a impressão de ser antipáticas, mas na verdade estão se protegendo.

Uma das minhas pacientes havia desenvolvido um estilo "repelente" (ou seja, de hostilidade generalizada) para se relacionar com o mundo e encobrir os seus sentimentos de insegurança e vergonha. As pessoas nem sequer se aproximavam dela, pois tinha fama de ser arrogante e convencida. Para ela, esse era o seu melhor disfarce. "Ninguém desconfia que sou tímida... Tenho muita dificuldade em iniciar e manter uma conversa; sinto que não tenho assunto... Bem, na verdade, sinto que sou a mulher menos interessante do mundo: sou insossa, chata, apática, ninguém me suportaria. A hostilidade serve para duas coisas. Por um lado, mantenho as pessoas afastadas porque não gostaria que me conhecessem. Sou algo assim como uma farsa, entende? E, por outro lado, prefiro que me vejam como antipática e braba, e não como a tonta que sou..."

Assertividade, autoaceitação e vergonha

Para os indivíduos que se envergonham de si mesmos, a assertividade os obriga a revisar os seus sistemas em dois sentidos:

a. Força-os a sair do seu esconderijo psicológico e a se mostrar (o assertivo nunca passa despercebido).
b. Exige que revisem o seu valor pessoal, o que produz uma combinação de medo e incômodo.

Os pensamentos que bloqueiam a assertividade quando a vergonha está presente podem adotar diferentes formas: "Não mereço ser assertivo", "Não tenho direitos", "Se demonstrar meus sentimentos, chamarei a atenção e serei criticado", "É melhor não dizer o que penso, para que não me conheçam". Mas o fator comum a todos poderia ser resumido na seguinte instrução: "Tenho vergonha de mim, do que faço, digo ou penso e, portanto, *não quero nem mereço* ser assertivo".

Como é possível que um ser humano denigra a si mesmo até o extremo de se envergonhar de estar vivo e de existir? De onde vem e como se gesta esta crença irracional autodestrutiva?

Mesmo que não se possam descartar as variáveis genéticas[70] (algumas crianças demonstram um temperamento introvertido ou tímido desde que nascem), a aprendizagem social e a relação com os pais seguem sendo os principais candidatos.[71] Os pais e as mães moldam e modelam o comportamento dos seus filhos até onde a biologia lhes permitir. Somente para citar dois exemplos: os sujeitos tímidos e socialmente inseguros lembram-se de seus pais como especialmente críticos e distantes,[72, 73] e as crianças que não são capazes de preencher as expectativas dos pais, ou que assim o percebem, podem criar *um ideal pessoal inalcançável* e serem mais propensas a sentir vergonha.[74] A memória autobiográfica determina grande parte da nossa maneira de agir, pensar e sentir o mundo.[75, 76] Em certo sentido, poderíamos dizer que somos o que lembramos, somos memória em movimento.

Marcela era uma adolescente que mostrava um quadro de inibição emocional extrema. Recebeu um diagnóstico de depressão grave e alexitimia (incapacidade de perceber e processar emoções). A mãe dela, uma alcoolista que havia sido abandonada pelo marido, nunca pôde se recuperar da perda e, de alguma forma, culpava a sua única filha pelo abandono daquele homem. Durante toda a vida, Marcela teve que suportar a rejeição e o desamor da mãe, que a havia submetido a maus-tratos psicológicos continuados e, por vezes, também físicos. Por exemplo: um dia queimou as mãos da garota no fogão da cozinha porque ela havia pintado as unhas.

Marcela tinha na ponta da língua cada uma das frases desqualificantes da mãe: "Você é um estorvo", "Por que tive você?", "Você não herdou a minha beleza", "Como você cheira mal!", "Não me toque" ou "Nem parece uma mulher". Tudo havia sido cuidadosamente processado e armazenado na sua memória, como se fosse hoje.

Marcela havia optado pela estratégia defensiva da insensibilidade. Muitas crianças submetidas a maus-tratos adotam o bloqueio informacional e/ou emocional como mecanismo de defesa. Simplesmente aumentam seus limites sensoriais para que nada os incomode ou lhes importe. Em consonância com essa forma de sobrevivência, Marcela havia se tornado fria, calculista e de um realismo que chegava às raias da crueldade. "Não gosto da minha mãe. Na verdade, a odeio, mas por enquanto é um mal necessário... Ela me ensinou a ser assim... Você diz que me castigo demais, mas eu acredito que as coisas são assim... Não tenho coisas boas e, se as tive, minha mãe se encarregou de destruí-las. Você me perguntou se me envergonho de mim mesma, mas claro... Fui uma bastarda."

As mães são determinantes na formação da autoestima dos filhos. Podem aumentar o seu ego ou comprimi-lo, como aconteceu com Marcela. Se a mente de uma criança pudesse colocar em termos de pensamento lógico o sentimento de ser depreciado pela mãe, diria algo assim: "Se a minha mamãe não gosta de mim, devo ser uma aberração da natureza. Uma mãe é capaz de dar a vida por seus filhos e amar incondicionalmente a sua prole, é o natural. *Uma mãe é uma especialista em amar, além disso, é ela que garante a sobrevivência, não do mais apto, mas do mais amado.* E, no entanto, apesar de tudo, ela quer se livrar de mim. Meu Deus, se eu sou um estorvo para ela, não mereço viver!".

Depois de pouco tempo, Marcela saiu de casa com um homem que recentemente havia conhecido e viajou para os Estados Unidos. Um ano depois, soube que fora condenada por narcotráfico na Flórida.

A única opção que Marcela tinha para superar seu problema era romper o vínculo de dependência que a unia à mãe, desligar-se dela e não esperar nenhum tipo de amor ou aceitação. O salto libertador implicava criar um novo ideal de "eu", diferente daquele que a progenitora queria lhe impor, que permitisse uma autoavaliação construtiva e saudável. Infelizmente, talvez devido a sua juventude, não teve essa oportunidade.

As pessoas que têm o mau costume de se concentrar mais no negativo do que no positivo terminam por ignorar o lado bom. Tal como defendem terapeutas humanistas e cognitivos, aceitar a si mesmo, de forma total e definitiva, é o principal requisito para a saúde mental. Nas palavras do psicólogo cognitivo Ellis:

"A autoaceitação [...] significa que o indivíduo aceita-se total e incondicionalmente, atue ele ou não de forma inteligente, correta, competente e sem se importar se os outros o aprovam, respondem ou amam."[77]

Quando os indivíduos que se envergonham de si mesmos começam a melhorar, surpreendem-se ao ver que os demais seres humanos, os mesmos que antes pareciam psicologicamente inalcançáveis e quase perfeitos, não são tão diferentes deles. Esta é a essência da mudança: *aceitar que, além das aparências, no refúgio mais escondido de humanidade que carregamos, há um local especial em que somos tão cruamente iguais, tão desesperadamente humanos, tão misteriosamente frágeis, que ninguém merece sentir-se inferior.*
Não há outra forma de vencer a vergonha privada a não ser aceitar-se incondicionalmente, apesar de tudo e de todos.

O medo de passar uma má impressão e a necessidade de aprovação social

Não sei se terá existido na história da humanidade uma pessoa que tenha conseguido escapar da opinião dos outros de forma taxativa e definitiva. Talvez os loucos, os esquizoides e um ou outro místico nos instantes de desconexão e transcendência. É muito difícil desprender-se radicalmente da opinião dos outros sem se dissociar e cair na doença psicológica. E não podemos porque o fenômeno humano é forjado precisamente na relação com os outros: eles são o caldo de cultura no qual se cristaliza a nossa própria identidade. Não podemos renunciar ao próximo.

O filósofo MacIntyre diz assim:

"Fazem falta tanto as virtudes que permitem ao ser humano agir como um analista prático, independente e responsável, quanto essas outras virtudes que permitem reconhecer a natureza e o grau de dependência em que se está em relação aos demais." [78]

Dito de outra forma: *a necessidade obsessiva de aprovação* ("Não posso viver sem elogios", "Ser lisonjeado é o motivo da minha existência", "Se alguém me rejeitar, fico deprimido") nada tem a ver com o *reconhecimento inteligente* de que certas avaliações merecem ser consideradas, seja porque são bem-intencionadas, fundamentadas ou simplesmente porque quem diz é uma pessoa respeitável e/ou querida.

Apesar de tudo, muitos indivíduos não são capazes de suportar a avaliação social negativa, pois para eles a opinião desfavorável pode chegar a ser devastadora. Segundo alguns especialistas, essas pessoas possuem uma *consciência pública delas mesmas* muito exacerbada e, por essa razão, sentem-se especialmente observadas pelos outros.[79] Não são paranoicos, porque não acreditam que os outros irão explorá-los, ao contrário, *temem passar uma má impressão*,[80] ou, o que dá na mesma, duvidam da própria capacidade de poder criar uma boa imagem.[81]

A ARMADILHA DA PREVENÇÃO

A maioria de nós, quando nos sentimos na mira de alguém mal-intencionado, desenvolve uma série de mecanismos para se defender:[82] o periscópio da mente se desdobra à máxima potência e, então, previdentemente, "avaliamos quem avalia" e "observamos o observador". Essa tendência é universal, mesmo que possa sair do nosso controle.

Por exemplo, todos os humanos herdaram um módulo de processamento da informação especializado para detectar expressões de raiva ou antipatia nos outros[83, 84] (a natureza nos protege dos brabos), no entanto, nas pessoas que sofrem de fobia social, esse mecanismo de localização do aborrecimento é exageradamente sensível e incapacitante: sai do seu controle.[85]

De forma similar, o medo de dar uma má impressão nos deixa hipersensíveis à desaprovação[86, 87] e nos leva a gerar todo tipo de antecipações catastróficas relacionadas com a temível rejeição social:[88] uma careta inesperada, certa inflexão de voz, uma risada "suspeita" ou alguma palavra pouco usual provocam a hecatombe.

As pessoas que exageram essa forma de processar a informação desenvolvem um estilo precavido e desconfiado que, cedo ou tarde, as introduz numa curiosa armadilha: *ao estar excessivamente atentas às rejeições, descobrem "mais rejeições" do que o normal.*[89] "Quem procura, acha." E como não podemos ser apreciados por todo mundo é apenas natural que a indagação seja confirmada. Lembremos que alguns dos maiores personagens da humanidade, como Jesus, Gandhi, Martin

Luther King e Mandela, foram e ainda hoje são rejeitados por metade da população mundial. A proposta é clara: *façamos o que façamos, sempre haverá pessoas que nos detestam, é inevitável.*

Um paciente que vivia com as antenas ligadas havia se dedicado a contabilizar, literalmente, o número de "desdéns" e "caras feias" que as pessoas lhe faziam para me demonstrar que não estava enganado. Um dia chegou com a prova final: "Veja, doutor, tenho aqui o registro dos últimos finais de semana: 22 manifestações de rejeição, mais de sessenta olhares tortos, três comentários sobre a minha aparência... Viu como eu estava certo?". A armadilha em que caiu e não percebeu foi que, com a sua prevenção extrema, ele mesmo gerava uma atitude negativa nas pessoas que o rodeavam. Quando tomou consciência do fato e mudou o comportamento de luta/fuga por um de aproximação/amabilidade, a frequência das supostas rejeições caiu significativamente.

Moral da história: *se eu for prevenido, as pessoas reagirão negativamente a minha apreensão, isso aumentará o meu receio, o que fará com que as pessoas me rejeitem outra vez, disparando ainda mais a minha suspeita e prevenção... E assim sucessivamente.*

Assertividade versus imagem social

É apenas natural que as pessoas altamente motivadas a manter uma boa imagem social se recusem a usar a assertividade já que, como foi dito, o comportamento assertivo traz um custo social: *pessoas sinceras incomodam.* No entanto, o oposto também pode acontecer.

Algumas vezes, não ser assertivo pode afetar negativamente a imagem de alguém. Uma mulher retraída e não assertiva pensava que, sendo submissa e complacente com os homens, esses iriam ter uma impressão melhor dela. A estratégia de dizer "sim" para tudo e não demarcar posição mostrou um efeito bumerangue: a maioria dos seus amigos terminava se queixando da sua extrema passividade. Paradoxalmente, a imagem que terminou projetando era a de uma mulher insegura e necessitada de aceitação. Evitar a assertividade não melhorou a sua imagem.

Moral da história: *as pessoas submissas podem ser muito queridas no começo, mas com o tempo provocam tédio: precisamos de um pouco de repulsa, um pouco de oposição construtiva para que os laços afetivos se fortaleçam.*

Em outros casos, a assertividade pode melhorar substancialmente a imagem interpessoal. Carmen estava noiva havia oito anos. A sua relação havia se deteriorado ultimamente porque, segundo ela, "a paixão havia esfriado". Fazia algum tempo que as relações sexuais que mantinha com o noivo não eram boas. Apesar de ser uma mulher ardente, havia se mostrado especialmente recatada no lado sexual. O noivo havia terminado por aceitá-la assim, mesmo que de vez em quando expressasse o seu mal-estar. Ela nunca tomava a iniciativa e evitava todo o tempo falar sobre sexo.

Ao conhecer os princípios assertivos, Carmen mostrou-se preocupada. A simples ideia de falar com sinceridade sobre sexualidade com o noivo a deixava em pânico. Reproduzo parte de uma conversa que tivemos.

Carmen (C): Tenho medo de dizer o que sinto... Às vezes quero ser sensual, seduzi-lo, me entregar totalmente, mas tenho medo do que ele possa pensar de mim... Ele tem uma imagem tão diferente do que sou, pensa que sou pudica e fria... Às vezes penso em mudar de atitude, mas fico tomada pela dúvida... O que ele vai pensar de mim se eu começar a me mostrar como uma insaciável sexual?

Terapeuta (T): Como foi criada esta imagem de "boa moça"?

C: Não sei, com os anos... Vamos completar nove anos juntos... Nós nos conhecemos quando éramos muito jovens. Foi acontecendo com o tempo e eu acho que a mantive. Não queria que ele pensasse mal de mim...

T: Você realmente acha que uma mulher sexualmente livre com o seu companheiro é uma "louca insaciável"?

C: Não é bem vista... Fui educada para ter autocontrole e tudo mais...

T: E se você fosse mulher dele?

C: A mesma coisa.

T: Essa é uma grande notícia para as concubinas e as amantes! Muitos dos nossos avôs pensavam que a esposa era para respeitar e a amante para aproveitar... Então abriam sucursais: aqui o dever e lá o prazer.

C: Deve ser verdade, não imagino minha bisavó dançando a dança dos sete véus... Nem eu me imagino fazendo isso. Creio que muitos homens ainda se incomodam que as mulheres tomem a iniciativa.

T: O seu noivo é desse tipo de homem?

C: É um pouco conservador... Não tenho certeza.

T: E por que você acredita que os homens conservadores não gostam de ter sexo passional com a mulher que amam?

C: Bom, não tenho provas, se é isso que você quer saber, eu simplesmente acho... A gente os vê tão bem colocados e tão sérios... Na verdade, não tenho argumentos. O que você pensa disso? Acha que tenho jeito?

T: Você apresentou uma hipótese que eu questiono. Você acha que, caso se mostre sexualmente como é, com sua vontade e seu desejo naturais, ele vai pensar mal de você. De alguma maneira irá decepcionar-se com a "nova Carmen" e deixará de vê-la como a noiva virtuosa que você é.

C: Sim, sim, mais ou menos isso.

T: Bem, vamos submeter a sua hipótese à realidade: façamos uma experiência de conduta. Definamos de forma objetiva as suas antecipações e vejamos se elas ocorrem ou não. Vamos comparar os resultados com as suas expectativas prévias e ver que tantas razões você tem. Vamos agir como cientistas. De acordo com a minha experiência, pelo que você me contou dele e pelo que conheço dos homens, não acho que a reação dele seria negativa. De toda forma, vamos nos limitar aos dados.

C: E se eu estiver errada?

T: Se for assim, você não preferiria saber a verdade?

C: O que você me pede é muito difícil. Não posso chegar de um dia para o outro como uma Mata Hari devoradora de homens, ele se assustaria...

T: Concordo, então vamos agir mediante aproximações sucessivas. Faremos uma sequência por graus de dificuldade, não somente para que ele se acostume com a mudança, mas também para que você possa se habituar ao medo. O que você acha se começarmos com a conduta de tomar a iniciativa? Você pode procurar uma maneira suave e educada para dizer que quer ficar com ele.

C: Não é muita exigência para começar? Não sei, não me imagino... Sinto uma mistura de medo e curiosidade...

T: O seu principal obstáculo para ser assertiva é o medo de dar uma má impressão, o que ele pode pensar de você. Para vencer esse medo devemos refletir sobre três aspectos. O primeiro é a ideia que você tem sobre a sexualidade: nem o sexo é imoral, nem a sua livre expressão com o homem que ama a transforma em uma mulher fácil. Mais adiante vamos repassar esse ponto. O segundo aspecto refere-se a poder questionar a relação sem tanto medo de perdê-lo. Por exemplo: se ele não gostasse do seu novo comportamento sexual, o que você faria? Reprimiria a sua tendência para que ele se sentisse à vontade? Conheço mulheres que preferiam a anorgasmia para se adaptar à ejaculação precoce dos seus maridos. Esse é o sacrifício que você quer fazer? Poderia projetar a sua vida afetiva com um homem que a impedisse de se realizar sexualmente, sabendo que para você o sexo é tão importante? Você também deve questionar a relação, esse não é um privilégio que pertença apenas aos homens. O terceiro aspecto é que o seu silêncio não ajuda a resolver o problema. Pelo que você contou, a relação afetiva de vocês não anda nada bem e você está muito preocupada com isso. Eu me pergunto então como você pode resolver a questão escondendo o que sente e pensa? Só o que conseguiu com a sua discrição foi prolongar e aprofundar o problema. Se você o ama tanto quanto diz, deve correr o risco de se expressar ou nunca irá se perdoar pela covardia.

Por sorte, as provas de realidade tiveram sucesso. O homem não desaprovou minimamente a personalidade encoberta e a nova imagem da sua noiva. Tal como fora combinado, Carmen tomou a iniciativa e ele aceitou satisfeito. Pouco a pouco, ela começou a mudar o guarda-roupa, ficando mais sensual e jovem, e ele reforçou o comportamento presenteando-a com uma roupa íntima não convencional. A tarefa mais difícil, mas que também teve resultados positivos, foi quando Carmen se aventurou a dar retorno durante o ato sexual e a solicitar determinados tipos de carícias. Ele não só concordou, como foi correndo comprar um livro sobre "o amante ideal". Um dia qualquer, ela resolveu pular todos os passos programados da terapia e presenteou o noivo com um *striptease* do qual ela era protagonista. Desta última experiência, não sei os detalhes.

Durante muitos anos, Carmen não exerceu o direito a ter uma vida sexual satisfatória, mas tampouco respeitou o direito à informação do seu noivo. Muitos casais pecam neste ponto. Se eu estou entrando num processo de desamor, me sinto "afastado" ou não estou satisfeito com algum aspecto da relação, tenho o *dever de comunicá-lo a tempo*, porque meu companheiro tem o *direito de saber*.

A imagem social é um fator importante para ser desenvolvido em qualquer coletividade. Cuidar dela e fortalecê-la pode resultar numa estratégia adaptativa se formos autênticos e honestos ao fazer isso. A dificuldade começa quando começamos a acreditar que valemos pelo que aparentamos e confundimos aparência com essência.

O medo de se sentir ansioso e de se comportar de forma inapropriada

Diferentemente do que ocorria com a vergonha de si mesmo, aqui a pessoa não repudia a sua essência, mas a sua forma de se comportar, as suas poucas habilidades sociais ou o seu pobre desempenho devido ao nervosismo. "A ansiedade não me deixa; quando quero ser assertivo, minha voz treme, não olho nos olhos, meu corpo não responde." A ansiedade penetra no corpo, causa somatização, metamorfoseia-se em cada músculo, paralisa e, como se fosse pouco, pode ser notada. A vontade e o desejo não são suficientes para ser assertivo, também é necessária uma aliança estratégica com a tensão e o estresse.

Um senhor muito nervoso, com problemas de gagueira, me confessava: "Já tentei em várias ocasiões, mas o resultado é o mesmo, cada vez que vou dizer ao idiota do meu vizinho que baixe a música, emperro no *mu* de música... *mu, mu*... Meu Deus, pareço uma vaca! Tento falar e aí mesmo é que eu travo... Se estou tranquilo, como agora, as palavras fluem, até poderia fazer um discurso sobre os direitos dos cidadãos e o problema dos decibéis no impacto ambiental. Mas quando estou cara a cara com meu opositor de plantão, só consigo soltar um murmúrio indecifrável e pouco respeitável. Nunca pensei que a dignidade tivesse algo a ver com a fluência verbal...".

Não se pode negar que dizer bem as coisas, de forma clara e enfática e mostrando segurança, ajuda para que a mensagem seja mais contundente. Ainda assim, a dignidade pessoal tem um fundo muito mais complexo. Se somente nos fixássemos na forma, esqueceríamos a importância do conteúdo da mensagem, reduziríamos a assertividade a um ato protocolar e superficial. O *conteúdo verbal* ("o que vou dizer") é o coração da assertividade. Poderia defender os meus direitos pela Internet, sem rosto, como um fantasma e, apesar disso, ser assertivo.

No caso concreto do meu paciente, uma mistura de medicamentos e relaxamento progressivo conseguiu evitar a interferência da ansiedade e ele pôde se expressar assertivamente. Ao se tranquilizar, pôde perceber a si mesmo como mais adequado e seguro. Em outras palavras, melhorou a sua autoeficiência[90] e rompeu com o círculo vicioso.

A ARMADILHA DA ANSIEDADE

O *medo de se sentir ansioso* gera uma armadilha circular similar à da prevenção anteriormente assinalada. É uma espiral nervosa ascendente, na qual a ansiedade se perpetua. Graficamente:

```
                    Autoperpetuação
         ┌─────────────────────────────────┐
         ▼                                 │
Evento  → Ansiedade → Bloqueio ou → "Auto- → Pensamento
provocador           interferência  -observação" catastrófico
                                    e autoavaliação
```

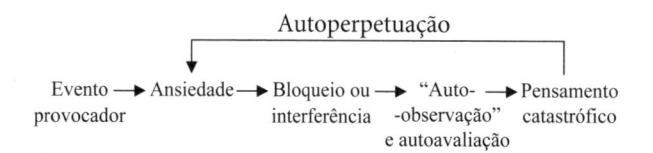

Exemplifiquemos o gráfico. Um *evento provocador qualquer* (por exemplo, a bronca injustificada do chefe no trabalho) cria uma resposta automática de *ansiedade*, que *bloqueia* ou *interfere* no comportamento (por exemplo, o subalterno, em vez de pedir explicações ou se defender, fica vermelho, com a garganta seca e "paralisado" no chão). Então, o sujeito se *auto-observa*, toma consciência do seu bloqueio e se *autoavalia* negativamente. Desta autoavaliação surgem dois *pensamentos catastróficos*: "Estou bancando o ridículo" e "Não vou conseguir controlar a ansiedade e diminuí-la", e ambos os pensamentos por sua vez aumentam ainda mais a ansiedade. É mais ou menos como a areia movediça: quanto mais se quer sair, mais se afunda.

Com o tempo, esta armadilha termina por criar uma *fobia da ansiedade*: o medo gera mais medo. Uma mulher temerosa de ser assertiva dizia: "Não há nada mais preocupante do que a preocupação", e tinha razão.

Vejamos três exemplos de círculos viciosos, e se é possível sair deles ou não.

Caso I: A mulher com tiques no rosto

Quando a armadilha está posta, o indivíduo pode ter a melhor intenção de comportar-se de forma assertiva, mas o medo de "ficar nervoso" o impedirá de sê-lo.

Uma das muitas formas de quebrar o círculo de autoperpetuação é *aceitar o pior que possa acontecer e enfrentar o medo*. Sublevar-nos e fazer deliberadamente o que tememos, o contrário do que nos manda a ansiedade. Por exemplo, poderíamos tentar ficar nervosos intencionalmente ou mostrar abertamente os signos de ansiedade que tanto queremos esconder ou controlar.

Lembro o caso de um homem que vivia obcecado pelo seu suor. Cada vez que se sentia observado, ficava nervoso e suava muito, o que o levava a ficar mais ansioso porque pensava que as pessoas perceberiam o seu problema e o avaliariam de forma negativa. Mesmo que usasse roupa branca e carregasse dezenas de lenços para esconder a transpiração, havia situações que não podia controlar.

A única estratégia que conseguiu tirá-lo da armadilha foi a de exibir o suor em público em vez de escondê-lo. Quando a sudorese começava a ficar visível, ele devia dizer: "Vejam como eu suo, observem, sempre tive esse problema e tenho muito medo que notem, mas decidi mostrar para perder o medo".

No exato momento em que decidimos nos delatar, o círculo é rompido: "Se não há mais nada a esconder, se já nos desnudamos psicologicamente, o que mais importa?". A ansiedade começa a diminuir e com ela os sintomas que tanto nos preocupam. Esta técnica é conhecida como *intenção paradoxal*.

Uma das minhas pacientes, uma empresária de sucesso e muito competente, estava sofrendo de um estranho mal. Quando alguém expressava uma discordância ou criticava o seu ponto de vista, justo no momento de contestar, os olhos dela saltavam e o lábio tremia intensamente, de forma tão evidente que era impossível dissimular. Mas quando resolvia ficar calada e não enfrentar a situação, os tiques desapareciam.

A recomendação psicológica foi utilizar a *intenção paradoxal*. Sugeri que, quando os músculos começassem a tremer, ela não tentasse esconder, mas exagerasse os movimentos e se referisse abertamente ao seu problema, sem disfarces de nenhum tipo. Não deveria mais tentar controlá-lo, mas incitá-lo e provocá-lo. Depois de convencê-la de que eu não havia perdido a sensatez e de que o método tinha boas possibilidades de êxito, ela decidiu aplicá-lo na primeira oportunidade.

No dia seguinte, durante uma reunião de trabalho, um dos gerentes insinuou que ela havia tomado decisões administrativas equivocadas, o que colocava em dúvida a sua honestidade. Como sempre, os olhos e o lábio começaram na hora a pulsar, mas, diferente de outras ocasiões, ela não tentou esconder os movimentos faciais, mas procurou aumentá-los e mostrá-los abertamente. Ficou em pé e, dirigindo-se a todos os assistentes, disse: "Como podem ver, tenho tiques nervosos. Não vou mais esconder. Vocês já devem ter percebido isso e, na verdade, já não me importo. Mesmo que a minha voz esteja entrecortada e meu rosto esteja contraído, vou dizer o que tenho a dizer e espero que me escutem em vez de olhar os meus músculos faciais". Quanto mais falava, mais a musculatura pulsava e, mesmo que o nervosismo crescesse a passos largos, ela conseguiu manter-se firme no seu propósito. No final da reunião, para a sua surpresa, notou que o rosto estava praticamente quieto.

A partir desse dia, a ansiedade começou a diminuir a cada reunião. O relaxamento e outros exercícios de *exposição imaginária*, em que ela via a si mesma enfrentando um auditório de forma tranquila, completaram a terapia.

Ao trazer à tona o que a envergonhava, abertamente e sem subterfúgios, a autoperpetuação deixou de existir. A ansiedade começou a perder funcionalidade e a interferir menos no seu rendimento. Quando enfrentou "desrespeitosamente" o medo, o catastrófico não o foi tanto assim e o pesadelo social de ser mal avaliada não foi tão horrível.

Caso II: A imobilidade tônica

Em alguns casos, a ansiedade é demolidora e o enfrentamento direto, simplesmente, não é possível. Uma jovem estudante tinha que participar de uma série de mesas redondas nas quais se discutiam temas polêmicos como eutanásia, aborto e Aids. Cada vez que tentava falar e expressar uma discordância ou uma opinião contrária, literalmente, imobilizava-se. Ficava pálida e, por alguns segundos, que para ela eram uma eternidade, a mente ficava em branco.

Este fenômeno é conhecido como *imobilidade tônica*[91] e, segundo os especialistas, é uma resposta motora ao medo que poderia ter servido para escapar de certos predadores. Para alguns animais, ficar imóvel e passar despercebido faz com que aumente a sua chance de sobrevivência. A herança é teimosa e se algum comportamento adaptativo entrou alguma vez no banco de genes, modificá-lo pode levar milhares de anos. No caso da minha paciente, apesar de não haver predadores à vista, seu organismo interpretava a ameaça psicológica (*confronto* de ideias) como se fosse realmente um agressor físico. A mensagem que chegava a seu corpo estava errada. "Cuidado, predador à vista, desativemos o sistema para que não nos descubra!" Um curto-circuito milenar e inoportuno.

Num caso assim, o círculo não pode ser rompido exclusivamente com análise racional e técnicas psicológicas, porque a resposta tem uma forte conotação biológica. Somente um tratamento combinado de medicação e terapia de conduta deu resultado.

Caso III: O homem que temia defecar em público

Olhar para nós mesmos, observar as próprias sensações físicas e os nossos estados emocionais, o que fazemos e o que pensamos, permite avaliar o quão perto ou longe estamos dos níveis de funcionamento que aspiramos. O fenômeno de ficar atento aos estados internos é conhecido como *atenção autofocada*.[92]

A "auto-observação" é um dos processos mentais mais importantes para o crescimento humano, mas se nos excedemos no seu uso, colocando-a a serviço de esquemas obsessivos e/ou perfeccionistas[93], a doença psicológica pode prosperar com facilidade. A atenção autofocada extrema é um fator determinante na formação de diversas patologias, como, por exemplo, o transtorno do pânico e a hipocondria[94], a depressão[95] e a fobia social[96].

Um paciente administrador de empresas diagnosticado com fobia social havia desenvolvido uma forte sensibilidade à informação visceral, especificamente aos movimentos peristálticos intestinais. Cada vez que ele participava de alguma reunião importante e a ansiedade aparecia, era assaltado pelo medo de não poder se controlar e defecar em público. Mesmo estando consciente do irracional da sua preocupação, já que não sofria de nenhuma doença orgânica relacionada ao aparelho digestivo, a sua mente permanecia presa ao seu intestino.

Uma das situações nas quais mais se manifestava o problema era quando precisava ser assertivo. Somente a ideia de se opor, demarcar limites ou simplesmente defender os seus direitos fazia disparar a sua ansiedade, e essa se localizava precisamente no intestino, ao menos ele sentia assim. A mente dele podia detectar a mínima mudança em seu funcionamento digestivo e antecipar de maneira catastrófica evacuações vergonhosas que nunca ocorriam.

Quando baixava a guarda e descartava toda forma de resposta assertiva, se tranquilizava, os movimentos intestinais voltavam a seu estado natural e o medo de perder o controle do esfíncter desaparecia como por magia. A equação interpessoal era desastrosa: quanto mais inassertividade, mais tranquilidade, ou, dito de outra forma, quanto mais abaixava a cabeça, menos medo tinha de defecar.

Como o seu medo era infundado, dedicou-se a utilizar uma combinação de intenção paradoxal e experiência de conduta. Um dia, tivemos uma discussão porque ele chegou atrasado para a consulta, o que o deixou muito nervoso. Em dado momento, tocou na barriga com ambas as mãos e atirou-se para trás na cadeira, tentando relaxar. Disse que sentia vontade de defecar e que precisava com urgência ir ao banheiro, e eu respondi que estávamos diante de uma boa oportunidade para desarmar a sua crença irracional e sair daquele círculo vicioso. Então pedi que procurasse defecar ali mesmo, nas calças. Ao ouvir a minha sugestão, ficou abismado. Primeiro me olhou com uma mistura de assombro e incredulidade, como diante de uma piada ruim, mas logo, quando compreendeu que a proposta era séria, o seu rosto assumiu uma expressão de terror.

Ao ver a sua reação, procurei lhe dar confiança e, depois de um complicado vai e volta explicando várias vezes a ele a lógica do procedimento, concordou de má vontade em tentar. No começo, começou com timidez e receio, mais tarde, ao ver que não acontecia nada, tomou coragem e as suas tentativas foram cada vez mais arriscadas. Felizmente para ambos, a previsão não se cumpriu. Ele entendeu de uma forma vivencial que a urgência em defecar não era nada mais que um alarme falso originado do medo que sentia de perder o controle.

O organismo e os condicionantes sociais tornam muito difícil que possamos perder o controle sobre as nossas funções vitais. Não podemos "esquecer de respirar" (a fisiologia não nos deixaria), como tampouco acredito que possamos nos suicidar tapando o nariz, mesmo que seja melhor não experimentar.

Quão importante é a forma de transmitir a mensagem?

Conforme vimos até aqui, a ansiedade pode alterar significativamente a morfologia da conduta assertiva, ou seja, a sua forma. Alguns desses *componentes verbais* (por exemplo, volume da voz, entonação, fluidez verbal) e *não verbais* (por exemplo, expressão facial, olhar, postura) foram especialmente estudados por especialistas em habilidades sociais numa tentativa de melhorar o impacto da mensagem.[97, 98]

Se levarmos em conta os dados obtidos até o momento, poderíamos dar a seguinte recomendação: se deseja ser assertivo, não descuide da forma de se expressar, mas tampouco esqueça que não deve sacrificar o conteúdo verbal, ou seja, o tema central da mensagem. É recomendável evitar os extremos de cada componente, já que costumam ser mal avaliados e podem alterar a qualidade da informação. Por exemplo, não sustentar o olhar (olhar esquivo) é típico das pessoas submissas, mas olhar muito intensamente (olhar penetrante) é uma das características dos sujeitos agressivos. Um gestual pobre é sintoma de inassertividade, mas uma expressão gestual histriônica e exagerada produz repulsão. Um volume de voz muito baixo demonstra insegurança, mas quando é muito alto pode gerar medo. Uma entonação monótona pode criar a impressão de pouca emotividade ou comprometimento, e muita ênfase pode dar lugar a más interpretações. Se decidir ser assertivo, deve levar em conta os indicadores expressivos verbais e não verbais da assertividade e tentar não pecar por falta nem por excesso.

Analisemos em detalhe cada um desses elementos moleculares que dão forma à conduta assertiva:

- *Olhar nos olhos.* O olhar esquivo é típico das pessoas inassertivas. Elas procuram desconectar-se em vez de conectar-se, fogem de qualquer tipo de contato, em especial do contato visual; os olhos falam e investigam. O olhar sempre nos desnuda e nos coloca frente a frente com o que somos. Sustentar o olhar é uma maneira de mostrar valentia e também de se abrir à indagação do próximo. O assertivo não desvia o olhar, sustenta-o o tempo necessário para estabelecer uma boa conexão. O que sentimos quando alguém se esquiva de nos olhar? Duas coisas: desconfiança, porque supomos que tenha alguma coisa a esconder, e raiva, porque ao nos ignorar não nos considera um interlocutor válido.
- *O volume da voz.* A voz muito baixa produz incômodo. As pessoas que se sentem intimidadas pelos modelos de autoridade costumam baixar os decibéis de forma abrupta. A crença é que, se baixarmos o volume, o impacto da mensagem não incomodará tanto o receptor. Os inassertivos utilizam um volume de voz muito baixo, o que dificulta a comunicação, além de passar uma imagem ruim. Qual é a impressão que levamos de alguém que fala com um volume de voz baixo? Seria avaliado como uma pessoa tímida e insegura.
- *Modulação e entonação da voz.* Há pessoas que falam como um computador de última geração.

São planos, chatos, sem inflexões e extremamente monótonos. A entonação comunica sentimentos, nos faz humanos, nos faz simpáticos, empáticos ou antipáticos. A amizade anda junto com a entonação, porque os amigos cantam a amizade quando falam. E aqueles que não se gostam o fazem com sarcasmo, cinismo ou desinteresse. Ou seja, com entonações odiosas. Conclusão: as relações humanas são musicais. Conheço pessoas de quem não se distingue a pergunta da afirmação, que murcham a cada conversa, carecem de ouvido. A entonação sempre implica interesse; se nosso interlocutor é moderado, não nos sentimos queridos. A linguagem que não se saboreia é um discurso lido em outro idioma, não é entendido nem degustado. O que sentimos quando alguém nos fala com uma entonação pobre e sem modulação afetiva? Aborrecimento, desconexão, um peso no cérebro e preguiça de responder.

- *Fluência verbal.* A fluidez verbal requer espontaneidade e segurança. Um tempo muito longo de resposta, quando se pensa demais, cria angústia naquele que está esperando a mensagem. Há pessoas que demoram séculos para responder, como se cada conversa fosse uma questão de vida ou morte. No entanto, a maioria das relações interpessoais não é tão transcendente assim para que seja preciso colocar em funcionamento todo o sistema cognitivo em potência máxima. Se alguém nos diz: "Oi, como vai?", não temos que fazer uma revisão exaustiva sobre a nossa qualidade de vida nos últimos meses ou elaborar o trauma da primeira infância. As pessoas inseguras acreditam que cada pergunta é um problema que devem resolver. Os inassertivos utilizam um arsenal de recursos inadequados. Circunlóquios e muletas (pois..., bem...), silêncios entre as frases, repetições e esclarecimentos desnecessários, desculpas reiteradas, insinuações em vez de afirmações, enfim, rodeios e hesitações de todo o tipo. O que sentimos quando estamos falando com alguém que não tem fluência verbal? Impaciência, desaprovação e vontade de sacudi-lo.

- *A postura.* A postura dos submissos é inconfundível. O corpo costuma estar mais inclinado que o do seu interlocutor e a cabeça um pouco mais abaixada do que o normal, dando a impressão de uma reverência sutil. A postura comunica atitudes, e o inassertivo, somente com a presença física, demonstra que só o que deseja é não incomodar e se submeter. O que sentimos quando uma pessoa se inclina diante de nós de forma servil? Distanciamento. É difícil se aproximar afetivamente de alguém que não respeita a si mesmo. A submissão, assim como a covardia e outras fraquezas, produz rejeição, a não ser que o delírio de grandeza ative em nós o efeito "sobe e desce" (quanto mais se abaixa o outro, mais levantamos a cabeça).

- *Os gestos.* O gesto é a entonação do corpo. É o que acompanha fisicamente a linguagem e completa o seu sentido. O gesto é a linguagem não falada, silêncio que delata, expressão em estado puro.

Podemos gesticular com todo o corpo, mas é no rosto onde mais se configura o que somos. Não somente olhamos nos olhos, mas também observamos as rugas, as sobrancelhas, a boca, os vincos, o nariz, as orelhas e tudo ao mesmo tempo. Os gestos dos indivíduos não assertivos costumam estar defasados em relação à linguagem falada. Há certa ambiguidade na mensagem: podem assegurar que estão alegres, mas os vemos tristes, ou o contrário. De maneira similar ao que ocorre com a entonação, as expressões gestuais dos inassertivos costumam ser frias, impassíveis e sérias, como se os músculos do rosto estivessem anestesiados. O que sentimos quando estamos diante de uma pessoa com pouca expressão gestual? Embaraço, incerteza e desconfiança.

- *O conteúdo verbal da mensagem.* O conteúdo da mensagem assertiva é a transcrição em palavras da meta que desejamos alcançar. Deve ser claro, explícito, direto e franco e, tal como vimos, com consideração e respeito aos direitos alheios. O conteúdo não pode ter meio-termo, é o único componente que não pode ser negociável. Não posso falhar no que digo: é ou não é. Há pessoas que, quando estão a ponto de expressar os seus pensamentos ou sentimentos terminam dizendo outra coisa, mudam de assunto, porque o medo ou a insegurança as impedem. Se acontecer assim, simplesmente elas não foram assertivas, não importa o quão bem tenham se expressado. Se me vejo obrigado a manifestar a alguém que pare de me roubar, posso fazer isso de mil maneiras, até com música, mas a essência da mensagem deve estar presente. Em resumo: *não se pode mudar o conteúdo da mensagem e seguir sendo assertivo*. O que sentimos quando descobrimos que alguém não diz o que pensa? Indignação e raiva.

O medo das figuras de autoridade

Muitas pessoas relacionadas com modelos de autoridade podem ficar presas num conflito de atração/repulsão: *para sobreviver, preciso da força e da segurança que a autoridade me dá, mas temo que me tire a autonomia.*

Aqueles que ostentam a autoridade podem ser democráticos e participativos na condução da mesma ou déspotas e dominantes na hora de aplicá-la. Seja como for, estar perto de quem ostenta poder gera uma ambivalência entre as vantagens e as desvantagens que essa pessoa oferece.

Pais com personalidade autoritária inculcam valores rígidos, medo de desobedecer, sentimentos de hostilidade generalizados e a tendência a criar estereótipos e preconceitos sociais.[99] De forma similar, os pais que fazem uso da força e exigem obediência cega dos filhos induzem a um estilo orientado ao castigo e ao autocastigo.[100] Em geral, os métodos disciplinantes orientados ao castigo e à retirada do afeto provocam padrões de escassa regulação afetiva, medo e depressão.[101] Um número considerável de adultos depressivos lembra-se dos pais como intrusivos, rechaçadores e controladores.[102] Os dados não mentem.

Não é nada fácil ser assertivo com uma pessoa que exerça um domínio psicológico no grupo de referência, mais ainda se há um vínculo afetivo. A história pessoal cria uma série de condicionamentos que não são fáceis de eliminar. Como no caso do leão que desde filhote havia sido criado por um pequeno cachorro que o maltratava e o assustava todo o tempo; quando o leão cresceu e ficou grande, forte e imponente, ao ver o insignificante cão e ouvir o seu latido, ainda saía correndo de medo. O passado não perdoa se ficamos presos a ele. Os temores que criamos na primeira infância podem se arrastar por toda a vida como um fardo insuportável.

Clara era uma estudante do sexto semestre de engenharia. O motivo da sua consulta foi a exagerada dependência emocional. Era uma mulher extremamente inassertiva, com escassas habilidades sociais e altamente sensível à desaprovação. Evitava sempre que possível as relações interpessoais e quase não tinha amigos.

Numa das consultas, surgiu um assunto do qual se envergonhava e sobre o qual nunca quisera falar com ninguém. Durante a infância, entre os seis e os nove anos, havia sido abusada sexualmente por um dos tios, o irmão mais novo da sua mãe, um homem muito rico que cumpria um papel importante no núcleo da família e de quem a maioria dos seus integrantes dependia economicamente.

O martírio de Clara era constante, já que não havia sido capaz de enfrentar o homem e acusá-lo de forma pública. Além disso, sentia-se moralmente responsável pelo que pudesse acontecer a suas priminhas. Infelizmente para Clara, as reuniões familiares a obrigavam a ver o tio com frequência, o que era um suplício. Um dia tivemos a seguinte conversa:

Terapeuta (T): O que a impede de enfrentá-lo?
Clara (C): Tenho pânico dele... Quando olho nos olhos dele, sinto calafrios e nojo...
T: Você dizia que se sente responsável pelo que possa acontecer com as suas primas. Não pensa em fazer nada?
C: Eu sei que deveria... Isso me tira o sono... Também tenho medo que a minha mãe descubra, ela gosta muito dele.
T: Você não fica indignada quando está na frente dele?
C: Acredite, estive a ponto de falar... Mas alguma coisa me detém. Pode soar estúpido, mas parece que vou faltar com respeito com ele. Todo mundo o reverencia... Não sei o que aconteceria se soubessem de algo assim...
T: Eu entendo perfeitamente, mas se você ficar em silêncio terminará se transformado em cúmplice. Lembre que não se trata apenas de falar com ele, mas de fazer isso em público, alertar as pessoas.
C: Sim, sim.
T: Mesmo que pareça óbvio, tentaremos ver o que você teme exatamente.
C: Ele abusou de mim! Isso não basta?
T: Quero saber se há alguma outra razão... Como, por exemplo, a sua aparência, a sua maneira de ser, os gestos... Muitas vezes o medo dos modelos de autoridade pode se concentrar de forma inconsciente em detalhes elementares e aparentemente

sem sentido, que possam criar obstáculo ao enfrentamento.

C: Não sei... Talvez o porte dele. É grande, faz musculação e parece primitivo. Quando se enfurece, abre as narinas, me lembra um chimpanzé. A sua forma de respirar...

T: Você quer resolver o problema? Você realmente quer? Deseja isso do fundo do ser, é vital e inegociável?

C: Sim, sinto assim.

Além de outros objetivos terapêuticos relacionados com o abuso e o trauma dele advindo, uma das primeiras metas foi atacar o medo do tio para que pudesse expressar assertivamente o que tinha guardado. Quando temos medo de alguém pelo que representa, o recomendável é entrar na boca do leão, mas sem que o leão perceba: romper o distanciamento defensivo e penetrar no território "inimigo".

Durante algum tempo, Clara preparou-se de duas formas. A primeira consistia em se imaginar sendo assertiva com o tio e expressando diretamente a sua dor. A segunda era *ao vivo* e consistia em não o evitar. Pelo contrário, cada vez que estivesse de frente com ele ou o encontrasse em uma reunião, devia olhá-lo nos olhos e observar detidamente as suas narinas. A tarefa era se aproximar dele e permanecer no seu território tentando fazer com que seu sistema nervoso se habituasse ao homem. Inclusive, poderia falar com ele tentando adequar seu material verbal e não verbal. Ou seja, a ideia era praticar com ele, sem que ele soubesse.

Finalmente, quando pôde processar adequadamente a experiência traumática e o medo começou a diminuir, convocou uma assembleia familiar e contou o ocorrido. Revelou cruamente os fatos e alertou os pais das outras vítimas em potencial. No entanto, para sua surpresa, a metade dos presentes não acreditou nela e preferiu seguir fiel ao seu benfeitor. A mãe de Clara ainda não acredita que o abuso tenha existido.

A conduta assertiva de Clara teve quatro consequências positivas: alertou os pais das meninas, completou o processo de recuperação do trauma, fortaleceu a sua dignidade e desmascarou o tio.

O medo das figuras de autoridade nasce da crença de que há pessoas superiores, que possuem mais direitos e que sabem o que é conveniente para nós. Essa ideia é extremamente perigosa porque nos leva de forma automática a reverenciar e a obedecer por obedecer. O culto à autoridade, seja qual for sua origem, nos faz confundir a idolatria com o respeito. Há uma diferença fundamental entre ser ídolo e ser um líder positivo. O ídolo é venerado ou invejado: a mente turva-se e cede diante da fascinação. O líder verdadeiro é respeitado: a mente expande-se, cresce em admiração não reverencial. O líder inteligente deixa ser, é discreto, ajuda sem ser visto, nos coloca no caminho do pensamento e nos induz a ser livres.

Conclusões:
Três princípios para combater a interferência da ansiedade social

A coragem é uma das qualidades que deve acompanhar a pessoa assertiva. Como virtude, localiza-se no meio do caminho entre a atitude imprudente e irreflexiva do temerário (agressividade) e a fraqueza do covarde (submissão).

Aristóteles, em *Ética a Nicômaco*, diz:

> "O covarde, o temerário, o valente, então, estão em relação com as mesmas coisas, mas se comportam de diferentes maneiras diante delas. Pois os dois primeiros pecam por excesso ou por defeito, enquanto o terceiro mantém o meio-termo, como é devido."

E, num trecho posterior, de forma mais explícita, acrescenta:

> "Temerário é o que não teme nem o que deveria temer, nem quando nem como; covarde, ao contrário, é aquele que teme o que não deveria, e quando não deveria e como não deveria."

O assertivo é valente, mas num sentido mais realista. Não é imune ao medo, mas o enfrenta, briga com ele, tenta dominá-lo. O que define a coragem não é a ausência de medo, mas a vontade de vencê-lo.

Em *Cartas a Lucilio*,[103] Sêneca cita a seguinte premissa de Epicuro:

> "Se vives conforme a natureza, nunca serás pobre; se vives conforme o que dirão, nunca serás rico."

E em seguida acrescenta:

> "A natureza exige pouco, a opinião dos demais, muito. [...] Os desejos naturais acabam, os que vêm da falsa opinião não têm limite, pois o falso não tem fim."

A necessidade de aprovação e o consequente medo da avaliação negativa podem durar toda a vida se deixarmos que a covardia decida por nós.

Mesmo que as formas de enfrentar a ansiedade social possam ser muitas e variadas, apresentarei três princípios que podem ajudar a encarar e a se "pensar" a ansiedade de uma forma mais saudável. Nunca é demais ressaltar que as doenças psicológicas do medo como, por exemplo, as fobias severas, a ansiedade generalizada, os distúrbios obsessivo-compulsivos ou o transtorno do pânico, entre outras, requerem tratamento especializado.

O princípio da aceitação incondicional: "Eu tenho valor"

Esse princípio é fundamental para a saúde mental. A regra é maravilhosamente simples:

> *Devo aceitar a minha essência. Enquanto estiver vivo, tenho valor por mim mesmo, sem precisar de razões nem motivos, não pelo que faço ou tenha deixado de fazer, tampouco pelo que tenho ou tenha tido alguma vez. Meu valor pessoal está na minha existência, não nas minhas conquistas. Meus êxitos ou fracassos não podem medir o meu valor essencial como ser humano, simplesmente porque sou mais do que isso.*

A aceitação incondicional sugere que posso reconhecer e criticar meus erros sem me considerar desprezível e indigno por isso. A minha dignidade nunca está em jogo. Uma coisa é aceitar que devo mudar porque cometi um erro, e outra é condenar a mim mesmo como ser humano. A autocrítica sadia é a que chega pela via do amor-próprio: "Eu me critico porque gosto de mim e desejo melhorar", e não pelo autodesprezo. Sou muito mais que os meus erros. Sou humano, muito humano, demasiado humano, diria Nietzsche.

Façamos uma analogia com o amor que sentimos por nossos filhos mais velhos, para logo transferir para nós mesmos. Há muitas coisas neles das quais não gostamos e que inclusive não suportamos com facilidade. Podemos considerar que alguns dos seus comportamentos são francamente desagradáveis, podemos criticá-los e repreendê-los e, no entanto, apesar da inconformidade e das dores de cabeça que nos causam, os amamos imensamente. O amor que temos por eles nunca está em jogo, jamais está condicionado a uma boa nota ou a que se comportem bem. Condicionamos os prêmios ou os privilégios ao *comportamento*, mas não o afeto. Amamos pelo que são, com o bom e o ruim nas costas. Mais ainda: quanto mais problemas têm, mais os amamos, porque mais precisam de nós. O amor por nossos filhos não está condicionado.

De forma similar, a autoaceitação incondicional é um fator de proteção para a autoestima. Posso ficar chateado comigo mesmo, não me aguentar um dia ou nem sequer consiga me olhar no espelho, mas apesar de tudo nunca questiono o meu valor, nunca coloco em desequilíbrio o meu amor-próprio, não tento me destruir. É um dever para com a vida que carrego, mais do que um direito.

Você pode e tem a obrigação de mudar, e mais ainda quando o seu comportamento afeta irracionalmente o mundo que o rodeia ou você mesmo. Mas esta transformação deve estar fundamentada na convicção de que errou, e não na ideia de que você é "mau" e "deve tornar-se bom". De fato, pode sentir-se mal pelo que fez, mas não se autocondenar. E enquanto tudo isso acontece, enquanto você se critica e a sua mente tenta compreender o que ocorreu e por que falhou, o seu verdadeiro "eu" se comove, se ama, se cuida e se renova.

Aceitar-se incondicionalmente, apesar de ser imperfeito, é fechar a entrada à vergonha patológica e também despreocupar-se do aborrecido "o que vão dizer". A imagem psicológica que projetamos, mesmo que soe retórica, é o reflexo do que somos por dentro. Se nos sentimos bem conosco mesmos, seremos autênticos e assertivos, não haverá nada de que se envergonhar nem nada a esconder. O que conta é a identidade, a essência da qual somos feitos. Uma pessoa que se sente digna não é inatacável, mas transparente; não procura *aparentar*, mas *ser*.

O princípio de comparar as ideias com a realidade: "Pensar como um cientista"

Os humanos são especialistas na arte do autoengano. Os túneis da mente são um gigantesco labirinto onde muitas vezes perdemos a nós mesmos. Gostamos de fantasiar, sonhar acordados, criar utopias, fazer passes de mágica, imaginar o que não existe e transformar o que existe para torná-lo inimaginável. Construímos mundos fabulosos, fantasmagóricos e encantados para fugir da realidade. Somos assim, e não é ruim se soubermos parar a tempo.

Piattelli-Palmarini[104] ressalta que o nosso inconsciente cognitivo comete erros imensos na hora de processar a informação. Mostramos uma excessiva confiança nas previsões que fazemos, fazemos correlações ilusórias, utilizamos o pensamento mágico para tomar decisões, ficamos ancorados a paradigmas, confundimos a parte com o todo, sofremos de daltonismo em relação às probabilidades, enfim, alteramos a informação conforme o nosso prazer e, o que é mais grave, nos sentimos orgulhosos ao fazê-lo. Como se fôssemos uma forma evoluída de ignorância atrevida.

Nossa mente funciona com uma regra conhecida como *racionalidade restrita*, [105, 106] que consiste em negar ou excluir a informação que não coincidir com as nossas crenças e facilitar o processamento daqueles dados que forem congruentes com elas. Ou seja, trapaceamos e fomentamos o autoengano conforme a nossa conveniência. Para amenizar um pouco a culpa e falar a nosso favor, podemos dizer que esta "distorção de acomodação" não é consciente.

Mas nem tudo é negativo. Há pessoas racionais, no bom sentido (ou seja, que fazem uso moderado e inteligente da razão), que procuram de todos os meios ao seu alcance não distorcer nem alterar demais a informação e ajustam, como qualquer bom cientista faria, a prova da realidade. Assim, cada pensamento é tomado como uma hipótese que é preciso cotejar com os fatos. Essa atitude não significa que devamos andar de avental branco e ter cara de rato de laboratório. Tampouco implica eliminar o jogo ilusório da nossa vida, descartar por inteiro o encanto das intuições ou matar as emoções: apenas trata-se de colocar em ação a lógica quando for necessário.

O *princípio de submeter as ideias à prova* implica em verificar se os nossos pensamentos têm fundamento ou não. Deixar que a realidade *objetiva* confirme ou não as previsões.

As pessoas ansiosas passam a vida fazendo previsões catastróficas que costumam não acontecer. Uma das minhas pacientes sofria de *ansiedade generalizada*

(GAD) e vivia profetizando coisas terríveis como doenças terminais, estupros, roubos e terremotos. A prova da realidade consistiu em registrar as previsões negativas que fazia diariamente e ver quantas delas ocorriam num lapso de seis meses. Os registros mostraram em torno de dez mil previsões calamitosas (umas cinquenta por dia), todas erradas. O número total, calculando os dez anos em que ela havia sofrido de ansiedade generalizada, foi de duzentas mil profecias não cumpridas. A conclusão falava por si: "Você não é uma boa adivinha".

Espinosa, na Proposição 73 da *Ética*, expressa:

> "O homem guiado pela razão não é levado a obedecer pelo medo."

Falamos de decisões baseadas no "razoável". Eu me pergunto se a moda da *inteligência emocional* não nos terá feito descuidar das "boas razões". O homem "guiado pela razão" do qual fala Espinosa é aquele que se inclina diante da evidência empírica.

Explorar os nossos pensamentos e submetê-los ao exaustivo exame dos fatos vai criando uma atitude saudável, antidogmática e aberta ao mundo. Sem a curiosidade experimental de saber o quão longe ou perto estamos da verdade, seguiremos nos apegando à superstição e nos amparando na irracionalidade.

O princípio da exposição ativa: "Enfrentar o medo"

O conhecimento, o saber, a razão e a lógica podem amenizar alguns medos e eliminar outros de forma radical;

no entanto, não necessariamente fornecem coragem. A valentia é uma atitude, como dizia Descartes, que tem bastante de passional. Não podemos viver sem ousadia, precisamos dela para amar, para chorar, para gritar, para nos defendermos, para renunciar, para combater, para dizer não, para ser feliz e para mil coisas mais. A coragem é o motor da existência digna. Tal como disse antes, ser valente não é ser suicida, mas misturar paixão e razão para sustentar-se um minuto a mais que os demais na situação temida. Aguente mais um segundo e será condecorado! O herói não desconhece a adrenalina, vive-a intensamente, suporta-a até alcançar a sua meta. Não há heroísmo sem obstinação, e não há valentia sem esforço.

A pessoa que exercita a coragem como virtude jamais esquece a exceção à regra, é um especialista em discernir quando se justifica e quando não, reconhece que para depor as armas também é preciso coragem. Outra vez, Espinosa e a sua *Ética:*

> "Num homem livre, a fuga a tempo revela a mesma firmeza da luta. Ou seja, o homem livre escolhe a fuga com a mesma firmeza ou presença de ânimo que o combate." (Corolário da Proposição 69)

Eu acrescentaria que, além da grandeza moral, requer inteligência prática: a capacidade de pensar e avaliar as consequências. Para que a coragem seja virtuosa, além de um coração vivaz, é preciso um cérebro bem aprumado.

Em psicologia clínica, a regra principal para vencer o medo é enfrentá-lo, expor-se a ele e esgotá-lo. É claro que muitos desses atos de valentia devem ajustar-se a certos procedimentos técnicos, já que se a exposição estiver mal planejada o paciente pode sensibilizar-se. Mas, em termos gerais, ninguém duvida que a audácia e o experimentalismo responsável como forma de vida diminuam as probabilidades de adquirir doenças psicológicas relacionadas com a ansiedade.

O *princípio da exposição ativa* propõe um estilo orientado a assumir os riscos necessários para vencer o medo. É impossível superar o medo, seja qual for, olhando para ele à distância, negando-o ou fugindo. É preciso aventurar-se e entrar no olho do furacão, seja de maneira suave ou abrupta, sozinho ou com ajuda profissional, com medicamentos ou sem eles, seja como for; é preciso lutar contra o medo ou, se for o caso, sofrer dele até que possamos rir. É preciso enfrentá-lo, chamá-lo, convidá-lo a entrar e jogar no nosso campo: *é preciso assustar o medo.*

EPÍLOGO

UM GUIA PARA ORGANIZAR E "PENSAR" A CONDUTA ASSERTIVA

O seguinte guia resume os aspectos mais importantes ressaltados ao longo do livro para facilitar a tarefa de organizar e "pensar" com calma a conduta assertiva.

O esquema funciona como um diagrama de decisões que permite refletir sobre cada aspecto da assertividade. Mesmo que em muitas situações da vida diária não possamos pensar antes de agir, a minha experiência clínica diz que o uso reiterado deste guia vai familiarizando as pessoas com o processo de tomada de decisões necessário para defender os seus direitos. A prática reiterada fará com que a conduta desprenda-se dos controles voluntários e torne-se mais automática e espontânea.

1. **A situação que me leva a ser assertivo é real ou é produto da minha prevenção ou imaginação?**

Você deve ter certeza de que não há falhas na sua percepção. A pessoa que aparentemente violou os seus direitos pode tê-lo feito sem intenção ou devido a um equívoco infeliz. Se você concentra a atenção de forma inadequada ou interpreta mal a mensagem recebida, agirá como se realmente existisse uma razão válida para ser assertivo sem que de fato exista.

Não se trata de desculpar o comportamento agressivo ou abusivo, mas de ter certeza de que a afronta realmente existiu. Se for assim, passe para o segundo ponto. Mas se a revisão indicar um erro de percepção da sua parte não prossiga: a assertividade estará de sobra.

2. **O que sinto e como me sinto?**

É muito importante discriminar o tipo de emoção que está por trás da assertividade. A emoção é aqui um sinal muito importante, já que será a motivação afetiva a estimular a sua conduta. Mesmo que não seja fácil classificar os sentimentos, é importante que você ao menos tente identificar o fundo emocional que o impulsiona a ser assertivo. Existem motivações negativas como a inveja, chamar a atenção ou a competição pouco sadia, que podem se confundir e desviar o comportamento assertivo da sua verdadeira filosofia.

Você pode negar o que sente tratando de minimizar o problema. Por exemplo: "Não me afeta o fato de a minha cunhada se aproveitar de mim, não sinto raiva", quando na verdade você gostaria de matá-la. Em outros casos, você pode aceitar o sentimento, mas só de forma incompleta: "Preciso reconhecer que é incômodo que a minha mulher tenha um amante", quando na verdade deseja gritar aos prantos porque se sente como uma criança abandonada à própria sorte. O que você sente é de suma importância, não subestime nem distorça.

Que emoção impulsiona a assertividade? A indignação, entendida como cólera diante da injustiça. Sentir-se indignado é sentir raiva porque alguém se aproveitou injustamente de você ou de outra pessoa.

Se você não se sente assim, se não tem a energia da emotividade (obviamente bem dirigida), terá dificuldades para desenvolver o terceiro ponto.

3. Para mim, é vital responder a esta situação?

Essa pergunta aponta para os direitos fundamentais, ao questionar se você se sente prejudicado em algum princípio fundamental e se realmente é justificado do ponto de vista ético agir assertivamente. É um momento crucial na tomada de decisões: é vital ser assertivo ou posso deixar passar o fato sem me sentir violentado? Estou respondendo uma provocação insubstancial e insignificante ou se trata de algo verdadeiramente importante para mim? Até que ponto a minha patologia pessoal está influenciando as minhas apreciações?

Para responder essas perguntas, você deve levar em conta não somente o que está sentindo, mas também o seu código ético e as suas convicções mais profundas. Até que ponto, nesta situação específica (sendo o mais objetivo possível, sem se autoenganar e tentando não se deixar influenciar demais por seus paradigmas), é vital, imprescindível, básico, não negociável ou valioso ser assertivo. Trata-se de uma decisão essencial, quando a razão se junta com o sentimento, à luz dos direitos pessoais.

Mesmo que, devido a sua importância, a temática dos direitos esteja presente em todo o texto, você pode reler com atenção "Os direitos assertivos" da primeira parte ou, se desejar localizá-la num contexto ético/psicológico, a segunda parte oferece algumas bases para refletir.

Não esqueça que o autoengano sempre anda rondando. É muito fácil dizer, como já ouvi algumas vezes: "Não me importa que o meu parceiro me maltrate", enquanto essa pessoa limpava o sangue com um lenço. Para qualquer ser humano normal, os maus-tratos são inegociáveis.

Seja relativamente direto nessa parte, consulte com o coração, mas use muito a cabeça. Se a sua resposta à pergunta inicial é: "Não, não é vital", não siga em frente com o passo quatro. Mas, ainda assim, a minha recomendação é que revise melhor os argumentos pelos quais considerou descartar a assertividade. Tenha certeza, muita certeza de que o direito violado não é vital, não deixe que os túneis da mente lhe armem uma armadilha.

4. Qual é a minha meta?

Se você não tem claro para onde mira e o que espera alcançar com a assertividade, o seu comportamento perderá força e direção. É provável que termine se desviando dos seus propósitos iniciais. Por exemplo: se a sua meta é recuperar um vestido que emprestou há algum tempo, não tem muito sentido dar uma lição de moral na pessoa que ficou com ele, se isso for atrasar ou impedir a entrega do vestido.

Vejamos um caso hipotético no qual a meta é *expressar um sentimento de inconformidade e estabelecer um precedente*, mas o sujeito (Juan) perde-se no caminho.

Juan (J): Eu me sinto muito incomodado quando você usa as minhas coisas sem pedir permissão. Queria que você soubesse.

Andrés (A): Não entendo por que você se incomoda. Não me parece que eu deva pedir permissão. Por acaso não estamos dividindo o mesmo guarda-roupa? Por acaso não somos irmãos?

J: Independentemente da sua opinião, queria que você soubesse que não gosto.

(Até aqui, tudo bem. Juan reafirma-se e não se distrai.)

A: Não entendo você.

J: O que é que você não entende? Isso sim é o cúmulo!

(Aqui, Juan se afasta da meta porque o seu objetivo não era fazer com que o outro "entendesse", mas simplesmente deixar estabelecido um precedente.)

A: Eu não me incomodaria.

J: Eu sempre lhe pedi permissão.

(Juan entrou no jogo de Andrés: começou a se desculpar por questões do passado que nada tinham a ver com a sua meta básica.)

A: E mesmo que você não o fizesse, eu não me preocuparia. O que é meu é seu.

(Golpe mortal. Manipulação por culpa, Juan fica encurralado.)

J: Não acredito nisso. Falar é muito fácil. Ninguém gosta que peguem as suas coisas sem pedir.

A: Eu não sou egoísta.

J: Isso é o que você acha. O que você entende por egoísmo?

Juan perdeu definitivamente o foco da sua ação e terminou num problema quase filosófico sobre o egoísmo, quando tudo o que queria era expressar uma opinião contrária. A meta de Juan, nesse caso, não era que o irmão compreendesse a diferença entre o bem e o mal. Poderíamos pensar que se Andrés pudesse compreender as motivações de Juan seria mais fácil convencê-lo. No entanto, esse argumento é apenas parcialmente correto: conhecer a virtude não nos faz mais virtuosos nem evita os delitos.

Durante o diálogo assertivo, o objetivo original deve estar sempre presente. Juan desviou-se rumo a uma segunda meta: "Devo fazer com que ele entenda as minhas razões". Mas poderia ter dito a si mesmo: "Não me importo muito que ele entenda os meus motivos, só quero que saiba que não concordo com a sua forma de agir. Se não mudar de comportamento, verei o que faço, mas, por agora, só o que quero é livrar-me do acúmulo de raiva que sinto". Nem tudo pode ser feito por consenso.

A ideia de manter a meta aconteça o que acontecer não deve ser interpretada como a adoção de uma postura rígida, imutável ou sem consideração pelos outros.

Juan poderia ter utilizado o *disco arranhado* que consiste em repetir a mesma frase várias vezes, até que a pessoa que tenta nos manipular se canse. Por exemplo, se alguém quiser vender um aspirador de pó de que você não precisa, poderia se tornar um bom disco arranhado dizendo: "Não, obrigado, não preciso", "Não, obrigado, não preciso", quantas vezes fossem necessárias até que o vendedor compreendesse que você é um caso perdido.

O objetivo principal da assertividade não é tanto mudar o comportamento do outro (se conseguir isso, melhor), mas fortalecer a autoestima e se autoafirmar. Por sorte, o cumprimento dessa meta só depende de você.

5. Que consequências negativas espero?

Como vimos na primeira parte, ser assertivo traz algumas consequências para as quais é bom estar preparado. Já sabemos que na maior parte dos casos as pessoas não vão gostar que você seja assertivo. Assim, as reações não vão ser de abraços e beijos: "Estou feliz por você ter dito o que pensa!". Isso somente se vê nos filmes. Lembre-se de que o abusivo ofende-se quando suas vítimas se rebelam. O que se pode esperar? As possibilidades são muitas.

Consequências negativas externas – Agressão física ou verbal, manipulação por culpa (chantagem e controle emocional), interrupção, retirada de afeto, perder um amigo (se o perdemos por sermos honestos, não era amigo), consequências sociais ou trabalhistas, não atingir o objetivo e por aí vai.

Consequências negativas internas – Sentir culpa ou pena por ferir os sentimentos de alguém, sentir-se ridículo, sentir-se ansioso, castigar-se verbalmente, arrepender-se etc.

A prática ensina que, quando se conseguem níveis aceitáveis de assertividade, a capacidade de antecipar consequências negativas melhora substancialmente.

Para pensar quais são as consequências negativas que você espera do seu interlocutor, faça uma lista. Por exemplo, leve em conta o conhecimento que tem do receptor, a história da relação, o contexto no qual emitirá a mensagem (onde, quando e como vai dizer) e prepare-se para o passo seguinte.

6. Tenho alternativas de respostas claras para as prováveis consequências?

Essa pergunta é muito importante porque você pode dispor de todas as habilidades requeridas para ser assertivo e, mesmo assim, não ser capaz de assumir o custo psicológico ou não ter opções de resposta.

Para cada consequência esperada, tente planejar algumas alternativas de resposta. Por exemplo:

a. Se o que espera ao ser assertivo é *agressão física*, e você não é um judoca ou algo parecido, descarte a assertividade. Talvez existam métodos indiretos e menos arriscados.

b. Se o que espera ao ser assertivo é *agressão verbal*, não se detenha: as palavras incomodam, mas não causam estragos físicos. Diga a mensagem a todo pulmão, faça-o da forma mais explícita possível e retire-se. Não se submeta a insultos.
c. Se o que espera ao ser assertivo é uma *tentativa de manipulação* por parte do receptor, leia a segunda parte. Utilize a técnica do *nevoeiro*: faça de conta que é uma nuvem e que as mensagens atravessam você. Pense que não há um núcleo central prendendo alguma coisa, tudo segue ao largo, a coisa não é com você. Pode treinar em casa: imagine que alguém tenta ofendê-lo ou manipulá-lo e que você flutua como um autista feliz, indiferente ao que lhe dizem. As palavras o atravessam de lado a lado sem tocá-lo.
d. Se o que espera ao ser assertivo é que um *amigo rompa com a amizade*, seja assertivo e verifique se na realidade tratava-se de um bom amigo! Se romper com você, não era.
e. Se o que espera ao ser assertivo é *rejeição social*, pense se prefere ter muitos conhecidos ou poucos, mas verdadeiros amigos. A assertividade sempre implica algum custo social. Também é importante considerar se as pessoas chegadas ou os familiares podem se ver afetados por sua decisão. Tenha isso em conta. Entretanto, e apesar de tudo, se o clube social que você frequenta ou a imagem social que projeta são mais importantes que a sua dignidade, não há nada a fazer.

f. Se o que espera ao ser assertivo são *consequências negativas no trabalho*, você está num grave dilema moral. Você decide o que é negociável e o que não é. Mas lembre que a maioria das pessoas que se vendeu para a melhor oferta, ao cabo de alguns anos, manifesta que, se a vida lhe desse outra oportunidade, não voltaria a se vender.
g. Se o que espera ao ser assertivo é *sentir ansiedade*, lembre o que leu na terceira parte. Você pode enfrentar isso.
h. Se o que espera ao ser assertivo é *bancar o ridículo e que riam de você*, ative a sua *aceitação incondicional*. Pegue o amor-próprio e coloque-o para funcionar. Mesmo que às vezes você possa se comportar de forma inadequada, lembre que não é o mesmo se *comportar* de forma estúpida e *ser* um estúpido. A sua essência não é censurável.
i. Se o que você espera ao ser assertivo é que o *receptor sinta-se mal, chore ou se deprima*, então empregue uma assertividade empática, amável e especialmente cuidadosa, mas não deixe de ser assertivo. A leitura da segunda parte o ajudará nesse propósito.

Faça o exercício de inventar respostas criativas para as consequências esperadas por ser assertivo. Ensaie mentalmente, brinque com elas e divirta-se.

7. A execução do comportamento

A essa altura, você já está preparado para ser assertivo. Já tomou a decisão, tem claro qual é o direito que está defendendo ou exercendo, está animicamente motivado, tem uma meta definida, previu algumas das consequências possíveis e tem alternativas de resposta para enfrentá-las. Percorreu cada passo do processamento da informação de forma lenta mas segura, tentando entender todo o processo.

Agora, é preciso estruturar o conteúdo verbal da mensagem assertiva. O que você vai dizer ou, o que dá na mesma, a meta expressa em forma verbal.

Pode escrevê-la, ler em voz alta, ficar na frente do espelho e ensaiar. Não importa que no princípio seja mecânico e muito racional (está aprendendo). Com o tempo, se tornará espontâneo. Caso disponha de uma câmera, filme a si mesmo sendo assertivo, observe-se, analise cada componente verbal e não verbal (a forma), tal como foi explicado na terceira parte, e pratique a ação.

Realize ensaios imaginários. Procure um lugar confortável, feche os olhos e recrie a situação provocadora. Imagine-se sendo assertivo e reproduza mentalmente cada componente de forma relaxada. Se a ansiedade não o deixar, tire a mente da situação por um instante, pense em algo agradável, relaxe e volte novamente à imagem na qual você está sendo assertivo. Faça isso várias vezes até que o ensaio imaginário possa ser feito sem ansiedade e com uma boa organização dos componentes. A preparação imaginária lhe dará segurança na hora de executar a conduta *in situ*.

Não adie a execução real. Quando acreditar que está pronto, seja atrevido, arrisque-se, observe-se e avalie o seu desempenho da forma mais objetiva possível, ou seja, sem se ferir.

8. Autoavaliação

Depois de executar a conduta assertiva, faça uma compilação do que você fez bem e do que fez mal. Avalie se a meta foi cumprida, se falhou em algum dos sete passos mencionados no guia, considere os pontos fracos e fortes e se felicite por ter tentado. O autorreforço garante uma melhor execução na próxima vez. Você foi assertivo.

Referências bibliográficas

1. Pennebaker, J. W. (1997). *Opening Up: The Healing Power of Expressing Emotions*. Nova York: The Guilford Press.
2. Temoshok, L.; Dreher, H. (1992). *The Type C Connection*. Nova York: Random House.
3. Buela-Casal, G.; Moreno, S. (1999). "Intervención psicológica en cáncer". In M. A. Simón (ed.), *Manual de psicología de la salud*. Madri: Biblioteca Nueva.
4. Safran, J. D.; Segal, Z. V. (1990). *Interpersonal Process in Cognitive Therapy*. Nova York: Basic Books.
5. Alberti, R. E.; Emmons, M. L. (1978). *Your Perfect Right: A Guide to Assertive Behavior*. Califórnia: Impact.
6. Lange, A.; Jakubowoski, P. (1976). *Responsible Assertive Behavior*. Champaign (II): Research Press.
7. D'Zurrilla, T. J. (1986). *Problem-Solving Therapy: A Social Competence Approach to Clinical Intervention*. Nova York: Springer.
8. Nezu, A. M.; Nezu, C. M.; Perri, M. G. (1989). *Problem-Solving Therapy for Depression: Theory, Research and Clinical Guidelines*. Nova York: Wiley.
9. Lazarus, R. S.; Folkman, S. (1986). *Estrés y procesos cognitivos*. Barcelona: Ediciones Martínez Roca.

10. Lazarus, R. S. (2000). *Estrés y emoción.* Bilbao: Desclée de Brouwer.
11. Savater, F. (1996). *El contenido de la felicidad.* Madri: Taurus.
12. Goldstein, A. P., Sprafkin, R. P, Gershaw, J. N.; Klein, P. (1989). *Habilidades sociales y autocontrol en la adolescencia.* Barcelona: Martínez Roca.
13. Caballo, V. E. (2003). *Manual de avaliação e treinamento das habilidades sociais.* São Paulo: Editora Santos.
14. Mueser, T. K. (1997). "Tratamiento cognitivo-conductual de la esquizofrenia". In V. E. Caballo (Dir.), *Manual para el tratamiento cognitivo-conductual de los trastornos psicológicos* (Vol. 1). Madri: Siglo XXI.
15. Fromm, E. (1981). *O coração do homem.* Rio de Janeiro: Zahar.
16. Sartre, J. P. (2012). *O existencialismo é um humanismo.* Petrópolis: Vozes.
17. Riso, W. (1985). "La percepción social de la conducta asertiva". *Revista de Análisis del Comportamiento,* 2, p. 285-195.
18. Rothbart, M.; Lewis. S. (1994). "Cognitive Processes and Intergroup Relations: A Historical Perspective". In P. G. Devine, D. L. Hamilton; T. M. Ostrom (eds.), *Social Cognition Impact on Social Psychology.* Califórnia: Academic Press.
19. Sanz, J.; Vázquez, C. (1995). "Trastornos del estado de ánimo: Teorías psicológicas". In: A. Belloch, B. Sandín; F. Ramos (eds.), *Manual de psicopatología* (Vol. 2). Madri: MacGraw Hill.

20. Savater, F. (2001). *As perguntas da vida*. São Paulo: Martins Fontes.
21. Villacañas, L. J. (1999). "Kant". In V. Camps (ed.), *Historia de la ética*. Barcelona: Crítica.
22. Dalai Lama. (2000). *El arte de vivir en el nuevo milenio*. Barcelona: Grijalbo, p. 112.
23. Millon, T. (1999). *Trastornos de la personalidad*. Barcelona: Masson.
24. Turkt, I. D. (1990). *The Personality Disorders*. Nova York: Pergamon.
25. Buela-Casal, G.; Carrobles, J. A. (1996). "Concepto de psicología clínica, medicina conductual y psicología de la salud". In G. Buela-Casal, V. E. Caballo; J. C. Sierra (eds.), *Manual de evaluación en psicología clínica y de la salud*. Madri: Siglo XXI.
26. Palmero, F.; Fernández-Abascal, E. G. (1998). *Emociones y adaptación*. Barcelona: Ariel.
27. Epstein, N.; Baucom, D. H. (1993). "Cognitive Factors in Marital Disturbance". In K. S. Dobson; P. C. Kendall (eds.), *Psychopathology and Cognition*. Nova York: Academic Press.
28. Nonet, J. L.; Castilla, D. C. (1998). "Un programa estructura para el tratamiento de los problemas de pareja". In V. E. Caballo, *Manual para el tratamiento cognitivo-conductual de los trastornos psicológicos*. Madri: Siglo XXI.
29. Caballo, V. E.; Verania, A.; Bas, F. (1997). "Fobia social". In V. E. Caballo (ed.), *Manual para el tratamiento cognitivo-conductual de los trastornos psicológicos* (Vol.I). Madri: Siglo XXI.

30. Lnage. A. J. (1981). "Entrenamiento cognitivo-conductual de la asertividad". In A. Ellis; R. Grieger, *Manual de Terapia racional-emotiva*. Bilbao: Desclée De Brouwer.
31. Castanyer, O. (1999). *La asertividad: Expresión de una buena autoestima*. Bilbao: Desclée De Brouwer.
32. Smith, M. J. (1977). *Cuando digo no, me siento culpable*. Barcelona: Grijalbo.
33. Voltaire. (2008). *Tratado sobre a tolerância: por ocasião da morte de Jean Calas (1763)*. Porto Alegre: L&PM.
34. Kant, E. (1993). *Fundamentos da metafísica dos costumes*. Rio de Janeiro: Ediouro.
35. Mitchell, H. B. (1998). *Raíces de la sabiduría*. México: International Thomson Editores.
36. Riso, W.; Pérez, G. M.; Roldán, L.; Ferrer, A. (1988). "Diferencias de ansiedad social, creencias irracionales y variables de personalidad, en sujetos altos y bajos en asertividad (tanto en oposición como en afecto)". *Revista Latinoamericana de Psicología, 20*, p. 391-400.
37. Riso, W. (1987). "Factores conceptuales y explicativos de la conducta asertiva". *Revista de Análisis del Comportamiento, 3*, p. 217-222.
38. Riso, W. (1988). *Entrenamiento asertivo*. Medellín: Rayuela.
39. Gil, F.; García, M. (1993). *Manual de técnicas de modificación y terapia de conducta*. Madri: Pirámide.
40. Tangney, J. P. (1995). "Shame and Guilt in Interpersonal Relationships". In J. P. Tangney; K. W.

Fisher (eds.), *Self-Conscious Emotions*. Nova York: The Guilford Press.

41. Montada, L.; Schneider, A. (1989). "Justice and Emotional Reactions to the Disadvantaged". *Social Justice Research*, 3, p. 313-344.

42. Johnson, R.; Danko, G. P.; Huang, Y., Park, J. Y.; Johnson, S. B.; Nagoshi, C. T. (1987). "Guilt, Shame and Adjustment in Three Cultures". In *Personality and Individual Differences*, 8, p. 357-364.

43. Schopenhauer, A. (1983). *El arte del buen vivir*. Madri: Edaf, p. 125.

44. Zahn-Waxler, C.; Radke-Tarrow, M.; Wagner, E.; Chapman, M. (1992). "Development of Concern For Other". In *Development Psychology*, 28, p. 126-136.

45. Wallbott, H. G.; Scherer, R. K. (1995). "Cultural Determinants in Experiencing Shame and Guilt". In J. P. Tangney; K. W. Fisher (eds.), *Self-Conscious Emotions*. Nova York: The Guilford Press.

46. Young, J. E. (1994). *Cognitive Therapy for Personality Disorders: A Schema-Focused Approach*. Sarasota: Professional Resource Press.

47. McGinn, L. K.; Young, J. E. (1996). "Schema-Focused Therapy". In P. M. Salkovskis (ed.), *Frontiers of Cognitive Therapy*. Nova York: The Guilford Press.

48. Fromm, E. (1992). *El humanismo como utopía real*. Buenos Aires: Paidós, p. 113.

49. Hughes, H. C.; Martsof, D. S.; Zeller, R. A. (1998). "Development and Testing of the Codependency

Assessment Tool". In *Arch Psychiatr Nurs*, 5, p. 264-272.
50. Hughes, H. C.; Martsof, D. S.; Zeller, R. A. (1998). "Depression and Codependency in Women". *Arch Psychiatr Nurs*, 6, p. 326-334.
51. Beattie, M. (1992). *Libérate de la codependencia.* Málaga: Sirio.
52. Beck, A.T.; Wright, F. D.; Newman, C. F.; Liese, B. S. (1999). *Terapia Cognitiva en las Drogodependencias.* Barcelona: Paidós.
53. Stein, D. J.; Young, J. E. (1992). "Schema Approach to Personality Disorders". In D. J. Stein; J. E. Young (Eds.), *Cognitive Science and Clinical Disorders.* Nova York: Academic Press.
54. Aristóteles. (2009). *Ética a Nicômaco.* São Paulo: Atlas.
55. Cícero (1998). "Del supremo bien y del supremo mal". In *Tratados morales.* Barcelona: Océano.
56. Spinoza, B. (2009). *Ética.* São Paulo: Autêntica.
57. Entralgo, P. L. (1993). *Creer, esperar, amar.* Barcelona: Galaxia Gutenberg.
58. Comte-Sponville, A. (2009). *Pequeno tratado das grandes virtudes.* São Paulo: Martins Fontes.
59. Epicuro. (2013). *Carta sobre a felicidade – a Meneceu.* São Paulo: Unesp.
60. Caffarena, J. G. (1999). "El cristianismo y la filosofía moral cristiana". In V. Camps (ed.), *Historia de la ética* (Vol. I). Barcelona: Crítica.
61. Peri, J. M; Torres, X. (1999). "Modelos cognitivos y trastornos de ansiedad". *Ansiedad y estrés*, 5, p. 285-298.

62. Kaplan, H. I.; Sadock, B. J. (1999). *Sinopsis de Psiquiatría*. Madri: Editorial Médica Panamericana.
63. Ellison, J. M. (1996). *Integrative Treatment of Anxiety Disorders*. Washington: American Psychiatric Press.
64. Harris, P. R. (1990). "Shyness and Embarrassment in Psychological Theory and Ordinary Language". In W. R. Crozier (ed.), *Shyness and embarrassment*. Nova York: Cambridge University Press.
65. Parrot, W. G.; Smith, S. F. (1991). "Embarrassment: Actual vs. Typical Cases, Classical vs. Portotypical Representations". In *Cognitive and Emotions*, 5, p. 467-488.
66. Lewis, M. (1993). "Self-Conscious Emotions: Embarrasment, Pride, Shame, and Guilt". In M. Lewis; J. M. Haviland (eds.), *Handbook of emotions*. Nova York: The Guilford Press.
67. Sperry, L. (1999). *Cognitive Behavior Therapy of DSM-IV Personality Disorders*. Filadélfia: Brunner/Mazel.
68. Beck, A. T.; Freeman, A. (2005). *Terapia cognitiva dos transtornos da personalidade*. São Paulo: Artmed.
69. Tangney, J. P.; Wagner, P. E.; Flechter, C.; Gramsow, R. (1992). "Shamed Into Anger? The Relation of Shame and Guilt to Anger and Self-Reported Aggression". In *Journal of Personality and Social Psychology*, 62, p. 669-675.
70. Kendler, K. S.; Neale, M. C.; Kessler, R. C. (1992). "The Genetic Epidemiology of Phobias in Women: The Interrelationship of Agoraphobia, Social

Phobia, Situational Phobia, and Simple Phobia". *Arch Gen Psychiatric, 49*, p. 272-281.
71. Bowlby, J. (1990). *La pérdida afectiva*. Buenos Aires: Paidós.
72. Bruch, M. A.; Heimberg, R. G. (1994). "Differences in Perceptions of Parental and Personal Characteristics Between Generalized and Non--Generalized Social Phobics". *J Anxiety Disord, 8*, p. 155-168.
73. Beidel, D. C. (1998). "Social Anxiety Disorder: Etiology and Early Clinical Presentation". *J Clin Psychiatry, 17*, p. 27-31.
74. Ferguson, T. J.; Stegge, H. (1995). "Emotional States and Traits in Children: The Case of Guilt and Shame". In J. P. Tangney; K. W. Fisher (eds.), *Self-Conscious Emotions*. Nova York: The Guilford Press.
75. Fivush, R.; Hudson, J. A. (1996). *Conocimiento y recuerdo en la infancia*. Madri: Visor Distribuciones.
76. Philippot, P.; Schaefer, A. (2001). "Emotion and Memory". In T. J. Mayne; G. A. Bonano (eds.), *Emotions*. Nova York: The Guilford Press.
77. Ellis, A. (2000). *Vivir en una sociedad irracional*. Buenos Aires: Paidós, p. 132.
78. MacIntyre, A. (2001). *Animales racionales y dependientes*. Barcelona: Paidós, p. 184.
79. Heimberg, R. G.; Dodge, C. S.; Becker, R. E. (1987). "Social Phobia". In L. Michelson; L. M. Ascher (eds.), *Anxiety and Stress Disorders*. Nova York: Guilford.

80. Learly, M. R.; Kowalski, R. M.; Champbell, C. (1988). "Self-Presentational Concerns and Social Anxiety: The Role of Generalized Impression Expectatives". *Journal of Research in Personality, 22*, p. 308-321.
81. Learly, M. R.; Kowalski, R. M. (1995). "The Self-Presentation Model of Social Phobia". In R. Heimberg, M. Liebowitz, D. Hope.; F. Schneier (eds.), *Social Phobia: Diagnosis, Assessment, and Treatment*. Nova York: The Guilford Press.
82. Esteves, F. (1999). "Sesgos en el procesamiento de expresiones faciales". *Ansiedad y estrés, 5*, p. 217-227.
83. Öhman, A.; Dimberg, U.; Öst, L. G. (1985). "Animal and Social Phobias: Biological Constraints on Learned Fear Responses". In S. Reiss; R. R. Bootzin (Eds.), *Theoretical Issues in Behavior Therapy*. Nova York: Academic Press.
84. Hansen, C. H.; Hansen, R. D. (1988). "Finding the Face in The Crowd; An anger superiority effect". *Journal of Personality and Social Psychology, 54*, p. 917-924
85. Learly, M. R.; Kowalski, R. M. (1990). "Impression Management: A Literature Review and Two-Component Model". *Psychological Bulletin, 107*, p. 34-37.
86. Eysenck, M. W. (1999). "Cognitive Biases in Social Phobia". *Ansiedad y estrés, 5*, p. 275-284.
87. Mathews, A.; Mackintosh, B. (1998). "A Cognitive Model of Selective Processing in Anxiety". *Cognitive Therapy and Research, 22*, p. 539-560.

88. Chambless, D. L.; Fope, D. A. (1996). "Cognitive Approaches to the Psychopathology and Treatment of Social Phobia". In P. M. Salkovskis (ed.), *Frontiers of Cognitive Therapy*. Nova York: The Guilford Press.
89. Leary, M. R.; Kowalski, R. M. (1995). *Social Anxiety*. Nova York: The Guilford Press.
90. Izard, C. E. (1991). *The psychology of emotions*. Nova York: Plenum Press.
91. Beck, A.; Emery, G. (1985). *Anxiety Disorders and Phobias*. Nova York: Basic Books.
92. Alloy, L. B.; Abramson, L. Y. (1988). "Depressive Realism: Four Theoretical Perspectives". In L. B. Alloy (ed.), *Cognitive Processes in Depression*. Nova York: The Guilford Press.
93. Kawamura, K. Y.; Hunt, S. L., Frost, R. O.; DiBartoto, P. M. (2001). "Perfectionism, Anxiety and Depression: Are the Relationships Independent?". *Cognitive, Therapy and Research, 25*, p. 291-301.
94. Salkovskis, M. P. (1996). *Frontiers of Cognitive Therapy*. Nova York: The Guilford Press.
95. Riso. W. (1992). *Depresión*. Medellín: C.E.A.P.C.
96. Mansell, W.; Clark, D. M. (1999). "How Do I Appear to Others? Social Anxiety and Processing of the Observable Self". *Behaviour Research and Therapy, 37*, p. 419-434.
97. Conger, J. C.; Conger. A. (1982). "Components of Heterosocial Competence". In J. P. Curran; P. M. Monti (eds.), *Social Skills Training: A Practical Handbook for Assessment and Treatment*. Nova York: The Guilford Press.

98. Caballo, V. E. (1996). "Evaluación de las habilidades sociales". In G. Buela-Casal; V. E. Caballo; J. C. Sierra, *Manual de evaluación en psicología clínica y de salud.* Madri: Siglo XXI.
99. Monteith, M. J.; Zuwerink, J. R.; Devine, P. G. (1994). "Prejudice and Prejudice Reduction: Classic Challenges, Contemporary Approaches". In P. G. Devine; D. L. Hamilton; T. M. Ostrom (eds.), *Social Cognition Impact on Social Psychology.* Nova York: Academic Press.
100. Potter-Efron, R. T. (1989). *Shame, Guilt and Alcoholism: Treatment Issues in Clinical Practice.* Nova York: Haworth Press.
101. Singer, R. D.; Singer, A. (1971). *Psicología infantil: evolución y desarrollo.* México: Interamericana.
102. Crook, T.; Raskin, A.; Elliot, J. (1981). "Parent-Child Relationships and Adult Depression". *Child Development, 52*, p. 950-951.
103. Sêneca. (1982). *Cartas a Lucilio.* Barcelona: Editorial Juventud.
104. Piattelli-Palmarini, M. (1995). *Los túneles de la mente.* Barcelona: Grijalbo-Mondadori.
105. Riso. W. (1996). *La terapia cognitivo-informacional.* Medellín: C.E.A.P.C.
106. Stein, D. J.; Young, J. E. (1992). *Cognitive Science and Clinical Disorders.* Nova York: Academic Press.

Coleção L&PM POCKET

1000. **Diários de Andy Warhol (1)** – Editado por Pat Hackett
1001. **Diários de Andy Warhol (2)** – Editado por Pat Hackett
1002. **Cartier-Bresson: o olhar do século** – Pierre Assouline
1003. **As melhores histórias da mitologia: vol. 1** – A.S. Franchini e Carmen Seganfredo
1004. **As melhores histórias da mitologia: vol. 2** – A.S. Franchini e Carmen Seganfredo
1005. **Assassinato no beco** – Agatha Christie
1006. **Convite para um homicídio** – Agatha Christie
1008. **História da vida** – Michael J. Benton
1009. **Jung** – Anthony Stevens
1010. **Arsène Lupin, ladrão de casaca** – Maurice Leblanc
1011. **Dublinenses** – James Joyce
1012. **120 tirinhas da Turma da Mônica** – Mauricio de Sousa
1013. **Antologia poética** – Fernando Pessoa
1014. **A aventura de um cliente ilustre** *seguido de* **O último adeus de Sherlock Holmes** – Sir Arthur Conan Doyle
1015. **Cenas de Nova York** – Jack Kerouac
1016. **A corista** – Anton Tchékhov
1017. **O diabo** – Leon Tolstói
1018. **Fábulas chinesas** – Sérgio Capparelli e Márcia Schmaltz
1019. **O gato do Brasil** – Sir Arthur Conan Doyle
1020. **Missa do Galo** – Machado de Assis
1021. **O mistério de Marie Rogêt** – Edgar Allan Poe
1022. **A mulher mais linda da cidade** – Bukowski
1023. **O retrato** – Nicolai Gogol
1024. **O conflito** – Agatha Christie
1025. **Os primeiros casos de Poirot** – Agatha Christie
1027(25). **Beethoven** – Bernard Fauconnier
1028. **Platão** – Julia Annas
1029. **Cleo e Daniel** – Roberto Freire
1030. **Til** – José de Alencar
1031. **Viagens na minha terra** – Almeida Garrett
1032. **Profissões para mulheres e outros artigos feministas** – Virginia Woolf
1033. **Mrs. Dalloway** – Virginia Woolf
1034. **O cão da morte** – Agatha Christie
1035. **Tragédia em três atos** – Agatha Christie
1037. **O fantasma da Ópera** – Gaston Leroux
1038. **Evolução** – Brian e Deborah Charlesworth
1039. **Medida por medida** – Shakespeare
1040. **Razão e sentimento** – Jane Austen
1041. **A obra-prima ignorada** *seguido de* **Um episódio durante o Terror** – Balzac
1042. **A fugitiva** – Anaïs Nin
1043. **As grandes histórias da mitologia greco-romana** – A. S. Franchini
1044. **O corno de si mesmo & outras historietas** – Marquês de Sade
1045. **Da felicidade** *seguido de* **Da vida retirada** – Sêneca
1046. **O horror em Red Hook e outras histórias** – H. P. Lovecraft
1047. **Noite em claro** – Martha Medeiros
1048. **Poemas clássicos chineses** – Li Bai, Du Fu e Wang Wei
1049. **A terceira moça** – Agatha Christie
1050. **Um destino ignorado** – Agatha Christie
1051(26). **Buda** – Sophie Royer
1052. **Guerra Fria** – Robert J. McMahon
1053. **Simons's Cat: as aventuras de um gato travesso e comilão – vol. 1** – Simon Tofield
1054. **Simons's Cat: as aventuras de um gato travesso e comilão – vol. 2** – Simon Tofield
1055. **Só as mulheres e as baratas sobreviverão** – Claudia Tajes
1057. **Pré-história** – Chris Gosden
1058. **Pintou sujeira!** – Mauricio de Sousa
1059. **Contos de Mamãe Gansa** – Charles Perrault
1060. **A interpretação dos sonhos: vol. 1** – Freud
1061. **A interpretação dos sonhos: vol. 2** – Freud
1062. **Frufru Rataplã Dolores** – Dalton Trevisan
1063. **As melhores histórias da mitologia egípcia** – Carmem Seganfredo e A.S. Franchini
1064. **Infância. Adolescência. Juventude** – Tolstói
1065. **As consolações da filosofia** – Alain de Botton
1066. **Diários de Jack Kerouac – 1947-1954**
1067. **Revolução Francesa – vol. 1** – Max Gallo
1068. **Revolução Francesa – vol. 2** – Max Gallo
1069. **O detetive Parker Pyne** – Agatha Christie
1070. **Memórias do esquecimento** – Flávio Tavares
1071. **Drogas** – Leslie Iversen
1072. **Manual de ecologia (vol.2)** – J. Lutzenberger
1073. **Como andar no labirinto** – Affonso Romano de Sant'Anna
1074. **A orquídea e o serial killer** – Juremir Machado da Silva
1075. **Amor nos tempos de fúria** – Lawrence Ferlinghetti
1076. **A aventura do pudim de Natal** – Agatha Christie
1078. **Amores que matam** – Patricia Faur
1079. **Histórias de pescador** – Mauricio de Sousa
1080. **Pedaços de um caderno manchado de vinho** – Bukowski
1081. **A ferro e fogo: tempo de solidão (vol.1)** – Josué Guimarães
1082. **A ferro e fogo: tempo de guerra (vol.2)** – Josué Guimarães
1084(17). **Desembarcando o Alzheimer** – Dr. Fernando Lucchese e Dra. Ana Hartmann
1085. **A maldição do espelho** – Agatha Christie
1086. **Uma breve história da filosofia** – Nigel Warburton
1088. **Heróis da História** – Will Durant
1089. **Concerto campestre** – L. A. de Assis Brasil

1090. **Morte nas nuvens** – Agatha Christie
1092. **Aventura em Bagdá** – Agatha Christie
1093. **O cavalo amarelo** – Agatha Christie
1094. **O método de interpretação dos sonhos** – Freud
1095. **Sonetos de amor e desamor** – Vários
1096. **120 tirinhas do Dilbert** – Scott Adams
1097. **200 fábulas de Esopo**
1098. **O curioso caso de Benjamin Button** – F. Scott Fitzgerald
1099. **Piadas para sempre: uma antologia para morrer de rir** – Visconde da Casa Verde
1100. **Hamlet (Mangá)** – Shakespeare
1101. **A arte da guerra (Mangá)** – Sun Tzu
1104. **As melhores histórias da Bíblia (vol.1)** – A. S. Franchini e Carmen Seganfredo
1105. **As melhores histórias da Bíblia (vol.2)** – A. S. Franchini e Carmen Seganfredo
1106. **Psicologia das massas e análise do eu** – Freud
1107. **Guerra Civil Espanhola** – Helen Graham
1108. **A autoestrada do sul e outras histórias** – Julio Cortázar
1109. **O mistério dos sete relógios** – Agatha Christie
1110. **Peanuts: Ninguém gosta de mim... (amor)** – Charles Schulz
1111. **Cadê o bolo?** – Mauricio de Sousa
1112. **O filósofo ignorante** – Voltaire
1113. **Totem e tabu** – Freud
1114. **Filosofia pré-socrática** – Catherine Osborne
1115. **Desejo de status** – Alain de Botton
1118. **Passageiro para Frankfurt** – Agatha Christie
1120. **Kill All Enemies** – Melvin Burgess
1121. **A morte da sra. McGinty** – Agatha Christie
1122. **Revolução Russa** – S. A. Smith
1123. **Até você, Capitu?** – Dalton Trevisan
1124. **O grande Gatsby (Mangá)** – F. S. Fitzgerald
1125. **Assim falou Zaratustra (Mangá)** – Nietzsche
1126. **Peanuts: É para isso que servem os amigos (amizade)** – Charles Schulz
1127.(27). **Nietzsche** – Dorian Astor
1128. **Bidu: Hora do banho** – Mauricio de Sousa
1129. **O melhor do Macanudo Taurino** – Santiago
1130. **Radicci 30 anos** – Iotti
1131. **Show de sabores** – J.A. Pinheiro Machado
1132. **O prazer das palavras** – vol. 3 – Cláudio Moreno
1133. **Morte na praia** – Agatha Christie
1134. **O fardo** – Agatha Christie
1135. **Manifesto do Partido Comunista (Mangá)** – Marx & Engels
1136. **A metamorfose (Mangá)** – Franz Kafka
1137. **Por que você não se casou... ainda** – Tracy McMillan
1138. **Textos autobiográficos** – Bukowski
1139. **A importância de ser prudente** – Oscar Wilde
1140. **Sobre a vontade na natureza** – Arthur Schopenhauer
1141. **Dilbert (8)** – Scott Adams
1142. **Entre dois amores** – Agatha Christie
1143. **Cipreste triste** – Agatha Christie
1144. **Alguém viu uma assombração?** – Mauricio de Sousa
1145. **Mandela** – Elleke Boehmer
1146. **Retrato do artista quando jovem** – James Joyce
1147. **Zadig ou o destino** – Voltaire
1148. **O contrato social (Mangá)** – J.-J. Rousseau
1149. **Garfield fenomenal** – Jim Davis
1150. **A queda da América** – Allen Ginsberg
1151. **Música na noite & outros ensaios** – Aldous Huxley
1152. **Poesias inéditas & Poemas dramáticos** – Fernando Pessoa
1153. **Peanuts: Felicidade é...** – Charles M. Schulz
1154. **Mate-me por favor** – Legs McNeil e Gillian McCain
1155. **Assassinato no Expresso Oriente** – Agatha Christie
1156. **Um punhado de centeio** – Agatha Christie
1157. **A interpretação dos sonhos (Mangá)** – Freud
1158. **Peanuts: Você não entende o sentido da vida** – Charles M. Schulz
1159. **A dinastia Rothschild** – Herbert R. Lottman
1160. **A Mansão Hollow** – Agatha Christie
1161. **Nas montanhas da loucura** – H.P. Lovecraft
1162.(28). **Napoleão Bonaparte** – Pascale Fautrier
1163. **Um corpo na biblioteca** – Agatha Christie
1164. **Inovação** – Mark Dodgson e David Gann
1165. **O que toda mulher deve saber sobre os homens: a afetividade masculina** – Walter Riso
1166. **O amor está no ar** – Mauricio de Sousa
1167. **Testemunha de acusação & outras histórias** – Agatha Christie
1168. **Etiqueta de bolso** – Celia Ribeiro
1169. **Poesia reunida (volume 3)** – Affonso Romano de Sant'Anna
1170. **Emma** – Jane Austen
1171. **Que seja em segredo** – Ana Miranda
1172. **Garfield sem apetite** – Jim Davis
1173. **Garfield: Foi mal...** – Jim Davis
1174. **Os irmãos Karamázov (Mangá)** – Dostoiévski
1175. **O Pequeno Príncipe** – Antoine de Saint-Exupéry
1176. **Peanuts: Ninguém mais tem o espírito aventureiro** – Charles M. Schulz
1177. **Assim falou Zaratustra** – Nietzsche
1178. **Morte no Nilo** – Agatha Christie
1179. **Ê, soneca boa** – Mauricio de Sousa
1180. **Garfield a todo o vapor** – Jim Davis
1181. **Em busca do tempo perdido (Mangá)** – Proust
1182. **Cai o pano: o último caso de Poirot** – Agatha Christie
1183. **Livro para colorir e relaxar** – Livro 1
1184. **Para colorir sem parar**
1185. **Os elefantes não esquecem** – Agatha Christie
1186. **Teoria da relatividade** – Albert Einstein
1187. **Compêndio da psicanálise** – Freud
1188. **Visões de Gerard** – Jack Kerouac
1189. **Fim de verão** – Mohiro Kitoh
1190. **Procurando diversão** – Mauricio de Sousa
1191. **E não sobrou nenhum e outras peças** – Agatha Christie
1192. **Ansiedade** – Daniel Freeman & Jason Freeman

1193. **Garfield: pausa para o almoço** – Jim Davis
1194. **Contos do dia e da noite** – Guy de Maupassant
1195. **O melhor de Hagar 7** – Dik Browne
1196.(29).**Lou Andreas-Salomé** – Dorian Astor
1197.(30).**Pasolini** – René de Ceccatty
1198. **O caso do Hotel Bertram** – Agatha Christie
1199. **Crônicas de motel** – Sam Shepard
1200. **Pequena filosofia da paz interior** – Catherine Rambert
1201. **Os sertões** – Euclides da Cunha
1202. **Treze à mesa** – Agatha Christie
1203. **Bíblia** – John Riches
1204. **Anjos** – David Albert Jones
1205. **As tirinhas do Guri de Uruguaiana 1** – Jair Kobe
1206. **Entre aspas (vol.1)** – Fernando Eichenberg
1207. **Escrita** – Andrew Robinson
1208. **O spleen de Paris: pequenos poemas em prosa** – Charles Baudelaire
1209. **Satíricon** – Petrônio
1210. **O avarento** – Molière
1211. **Queimando na água, afogando-se na chama** – Bukowski
1212. **Miscelânea septuagenária: contos e poemas** – Bukowski
1213. **Que filosofar é aprender a morrer e outros ensaios** – Montaigne
1214. **Da amizade e outros ensaios** – Montaigne
1215. **O medo à espreita e outras histórias** – H.P. Lovecraft
1216. **A obra de arte na era de sua reprodutibilidade técnica** – Walter Benjamin
1217. **Sobre a liberdade** – John Stuart Mill
1218. **O segredo de Chimneys** – Agatha Christie
1219. **Morte na rua Hickory** – Agatha Christie
1220. **Ulisses (Mangá)** – James Joyce
1221. **Ateísmo** – Julian Baggini
1222. **Os melhores contos de Katherine Mansfield** – Katherine Mansfield
1223.(31).**Martin Luther King** – Alain Foix
1224. **Millôr Definitivo: uma antologia de *A Bíblia do Caos*** – Millôr Fernandes
1225. **O Clube das Terças-Feiras e outras histórias** – Agatha Christie
1226. **Por que sou tão sábio** – Nietzsche
1227. **Sobre a mentira** – Platão
1228. **Sobre a leitura *seguido do* Depoimento de Céleste Albaret** – Proust
1229. **O homem do terno marrom** – Agatha Christie
1230.(32).**Jimi Hendrix** – Franck Médioni
1231. **Amor e amizade e outras histórias** – Jane Austen
1232. **Lady Susan, Os Watson e Sanditon** – Jane Austen
1233. **Uma breve história da ciência** – William Bynum
1234. **Macunaíma: o herói sem nenhum caráter** – Mário de Andrade
1235. **A máquina do tempo** – H.G. Wells
1236. **O homem invisível** – H.G. Wells
1237. **Os 36 estratagemas: manual secreto da arte da guerra** – Anônimo
1238. **A mina de ouro e outras histórias** – Agatha Christie
1239. **Pic** – Jack Kerouac
1240. **O habitante da escuridão e outros contos** – H.P. Lovecraft
1241. **O chamado de Cthulhu e outros contos** – H.P. Lovecraft
1242. **O melhor de Meu reino por um cavalo!** – Edição de Ivan Pinheiro Machado
1243. **A guerra dos mundos** – H.G. Wells
1244. **O caso da criada perfeita e outras histórias** – Agatha Christie
1245. **Morte por afogamento e outras histórias** – Agatha Christie
1246. **Assassinato no Comitê Central** – Manuel Vázquez Montalbán
1247. **O papai é pop** – Marcos Piangers
1248. **O papai é pop 2** – Marcos Piangers
1249. **A mamãe é rock** – Ana Cardoso
1250. **Paris boêmia** – Dan Franck
1251. **Paris libertária** – Dan Franck
1252. **Paris ocupada** – Dan Franck
1253. **Uma anedota infame** – Dostoiévski
1254. **O último dia de um condenado** – Victor Hugo
1255. **Nem só de caviar vive o homem** – J.M. Simmel
1256. **Amanhã é outro dia** – J.M. Simmel
1257. **Mulherzinhas** – Louisa May Alcott
1258. **Reforma Protestante** – Peter Marshall
1259. **História econômica global** – Robert C. Allen
1260.(33).**Che Guevara** – Alain Foix
1261. **Câncer** – Nicholas James
1262. **Akhenaton** – Agatha Christie
1263. **Aforismos para a sabedoria de vida** – Arthur Schopenhauer
1264. **Uma história do mundo** – David Coimbra
1265. **Ame e não sofra** – Walter Riso
1266. **Desapegue-se!** – Walter Riso
1267. **Os Sousa: Uma família do barulho** – Mauricio de Sousa
1268. **Nico Demo: O rei da travessura** – Mauricio de Sousa
1269. **Testemunha de acusação e outras peças** – Agatha Christie
1270.(34).**Dostoiévski** – Virgil Tanase
1271. **O melhor de Hagar 8** – Dik Browne
1272. **O melhor de Hagar 9** – Dik Browne
1273. **O melhor de Hagar 10** – Dik e Chris Browne
1274. **Considerações sobre o governo representativo** – John Stuart Mill
1275. **O homem Moisés e a religião monoteísta** – Freud
1276. **Inibição, sintoma e medo** – Freud
1277. **Além do princípio de prazer** – Freud
1278. **O direito de dizer não!** – Walter Riso

1279. **A arte de ser flexível** – Walter Riso
1280. **Casados e descasados** – August Strindberg
1281. **Da Terra à Lua** – Júlio Verne
1282. **Minhas galerias e meus pintores** – Kahnweiler
1283. **A arte do romance** – Virginia Woolf
1284. **Teatro completo v. 1: As aves da noite** *seguido de* **O visitante** – Hilda Hilst
1285. **Teatro completo v. 2: O verdugo** *seguido de* **A morte do patriarca** – Hilda Hilst
1286. **Teatro completo v. 3: O rato no muro** *seguido de* **Auto da barca de Camiri** – Hilda Hilst
1287. **Teatro completo v. 4: A empresa** *seguido de* **O novo sistema** – Hilda Hilst
1289. **Fora de mim** – Martha Medeiros
1290. **Divã** – Martha Medeiros
1291. **Sobre a genealogia da moral: um escrito polêmico** – Nietzsche
1292. **A consciência de Zeno** – Italo Svevo
1293. **Células-tronco** – Jonathan Slack
1294. **O fim do ciúme e outros contos** – Proust
1295. **A jangada** – Júlio Verne
1296. **A ilha do dr. Moreau** – H.G. Wells
1297. **Ninho de fidalgos** – Ivan Turguêniev
1298. **Jane Eyre** – Charlotte Brontë
1299. **Sobre gatos** – Bukowski
1300. **Sobre o amor** – Bukowski
1301. **Escrever para não enlouquecer** – Bukowski
1302. **222 receitas** – J. A. Pinheiro Machado
1303. **Reinações de Narizinho** – Monteiro Lobato
1304. **O Saci** – Monteiro Lobato
1305. **Memórias da Emília** – Monteiro Lobato
1306. **O Picapau Amarelo** – Monteiro Lobato
1307. **A reforma da Natureza** – Monteiro Lobato
1308. **Fábulas** *seguido de* **Histórias diversas** – Monteiro Lobato
1309. **Aventuras de Hans Staden** – Monteiro Lobato
1310. **Peter Pan** – Monteiro Lobato
1311. **Dom Quixote das crianças** – Monteiro Lobato
1312. **O Minotauro** – Monteiro Lobato
1313. **Um quarto só seu** – Virginia Woolf
1314. **Sonetos** – Shakespeare
1315(35). **Thoreau** – Marie Berthoumieu e Laura El Makki
1316. **Teoria da arte** – Cynthia Freeland
1317. **A arte da prudência** – Baltasar Gracián
1318. **O louco** *seguido de* **Areia e espuma** – Khalil Gibran
1319. **O profeta** *seguido de* **O jardim do profeta** – Khalil Gibran
1320. **Jesus, o Filho do Homem** – Khalil Gibran
1321. **A luta** – Norman Mailer
1322. **Sobre o sofrimento do mundo e outros ensaios** – Schopenhauer
1323. **Epidemiologia** – Rodolfo Sacacci
1324. **Japão moderno** – Christopher Goto-Jones
1325. **A arte da meditação** – Matthieu Ricard
1326. **O adversário secreto** – Agatha Christie
1327. **Pollyanna** – Eleanor H. Porter
1328. **Espelhos** – Eduardo Galeano
1329. **A Vênus das peles** – Sacher-Masoch
1330. **O 18 de brumário de Luís Bonaparte** – Karl Marx
1331. **Um jogo para os vivos** – Patricia Highsmith
1332. **A tristeza pode esperar** – J.J. Camargo
1333. **Vinte poemas de amor e uma canção desesperada** – Pablo Neruda
1334. **Judaísmo** – Norman Solomon
1335. **Esquizofrenia** – Christopher Frith & Eve Johnstone
1336. **Seis personagens em busca de um autor** – Luigi Pirandello
1337. **A Fazenda dos Animais** – George Orwell
1338. **1984** – George Orwell
1339. **Ubu Rei** – Alfred Jarry
1340. **Sobre bêbados e bebidas** – Bukowski
1341. **Tempestade para os vivos e para os mortos** – Bukowski
1342. **Complicado** – Natsume Ono
1343. **Sobre o livre-arbítrio** – Schopenhauer
1344. **Uma breve história da literatura** – John Sutherland
1345. **Você fica tão sozinho às vezes que até faz sentido** – Bukowski
1346. **Um apartamento em Paris** – Guillaume Musso
1347. **Receitas fáceis e saborosas** – José Antonio Pinheiro Machado
1348. **Por que engordamos** – Gary Taubes
1349. **A fabulosa história do hospital** – Jean-Noël Fabiani
1350. **Voo noturno** *seguido de* **Terra dos homens** – Antoine de Saint-Exupéry
1351. **Doutor Sax** – Jack Kerouac
1352. **O livro do Tao e da virtude** – Lao-Tsé
1353. **Pista negra** – Antonio Manzini
1354. **A chave de vidro** – Dashiell Hammett
1355. **Martin Eden** – Jack London
1356. **Já te disse adeus, e agora, como te esqueço?** – Walter Riso
1357. **A viagem do descobrimento** – Eduardo Bueno
1358. **Náufragos, traficantes e degredados** – Eduardo Bueno
1359. **Retrato do Brasil** – Paulo Prado
1360. **Maravilhosamente imperfeito, escandalosamente feliz** – Walter Riso
1361. **É...** – Millôr Fernandes
1362. **Duas tábuas e uma paixão** – Millôr Fernandes
1363. **Selma e Sinatra** – Martha Medeiros
1364. **Tudo que eu queria te dizer** – Martha Medeiros
1365. **Várias histórias** – Machado de Assis
1366. **A sabedoria do Padre Brown** – G. K. Chesterton
1367. **Capitães do Brasil** – Eduardo Bueno
1368. **O falcão maltês** – Dashiell Hammett
1369. **A arte de estar com a razão** – Arthur Schopenhauer
1370. **A visão dos vencidos** – Miguel León-Portilla

lepmeditores
www.lpm.com.br
o site que conta tudo

IMPRESSÃO:

PALLOTTI
GRÁFICA

Santa Maria - RS | Fone: (55) 3220.4500
www.graficapallotti.com.br